Maïté Coiffure

Marie-Aude Murail

Maïté Coiffure

Vocabulaire par
Laure Soccard

Ernst Klett Sprachen
Stuttgart

1. Auflage   9 | 2025

Alle Drucke dieser Auflage sind unverändert und können im Unterricht nebeneinander verwendet werden.
Die letzte Zahl bezeichnet das Jahr des Druckes. Das Werk und seine Teile sind urheberrechtlich geschützt. Jede Nutzung in anderen als den gesetzlich zugelassenen Fällen bedarf der vorherigen schriftlichen Einwilligung des Verlags.

Redaktion: Sylvie Cloeren
Layoutkonzeption: Elmar Feuerbach
Gestaltung und Satz: Satzkasten, Stuttgart
Umschlaggestaltung: Elmar Feuerbach
Titelbild: Alamy Images / Martin Phelps
Druck und Bindung: Plump Druck & Medien GmbH, Rheinbreitbach

Printed in Germany
ISBN 978-3-12-592299-0

PEFC/04-31-3752   www.pefc.de

Förderung nachhaltiger Waldbewirtschaftung

PEFC

Table des matières

Le monde de la coiffure

Dans la liste suivante, vous trouvez tous les mots et toutes les expressions du texte qui ont à voir avec le monde de la coiffure.

D'un côté, il y a des mots qui sont très utiles dans la vie de tous les jours, d'un autre côté il y a des termes techniques *(Fachwortschatz)* que vous ne devez pas apprendre pour parler du roman.

les objets dans le salon de coiffure	die (Einrichtungs-) Gegenstände im Friseurladen
un miroir	Spiegel
une glace	(Hand-)Spiegel
un bac	Waschbecken
un casque à cheveux	Trockenhaube
un registre des rendez-vous	Terminkalender
un présentoir (L'Oréal)	Verkaufsständer (für L'Oréal-Produkte)
les produits	**die Produkte**
un (flacon de) shampooing	(Flasche) Shampoo
un shampooing cheveux gras	Shampoo für fettige Haare
un shampooing anti-poux	Shampoo gegen Kopfläuse
un shampooing traitant	Pflegeshampoo
une bombe de laque	Dose Haarspray
un colorant (d'oxydation)	Färbemittel (Bleichfärbemittel)
un oxydant	Oxydationsmittel, Bleichmittel
une poudre décolorante	Entfärbungspulver
un tube de gel coiffant	Tube Frisiergel
- pour créer un effet-mouillé	- um einen Wet-look zu stylen

les outils de coiffure	die Frisierwerkzeuge
les ciseaux *mpl*, une paire de ciseaux*	Schere
les ciseaux sculpteur dentés	Effilierschere (zum Ausdünnen von Strähnen)
une brosse	Bürste
un peigne	Kamm
un peigne démêloir	Kardätsche
un peigne de coupe	Haarschneidekamm
un rasoir	Rasiermesser, Rasierer, elektrischer Haarschneider
un rouleau, un bigoudi	Lockenwickler
une pince à cheveux	Haarklammer
une touillette	Farbmischschale
un pinceau	Pinsel
une papillote d'aluminium	Alu-Streifen (zum Färben von Strähnen benutzt)
une trousse de manucure	Maniküreetui
le vernis	Nagellack

les activités dans le salon de coiffure	die Tätigkeiten im Frisiersalon
mouiller les cheveux	die Haare anfeuchten
laver les cheveux	die Haare waschen
shampouiner	
rincer	ausspülen
sécher	trocknen
le séchage	das Trocknen
couper	schneiden
une coupe	Haarschnitt
une coupe en brosse	Bürstenhaarschnitt
une coupe courte	Kurzhaarschnitt
rafraîchir la coupe	nachschneiden
bien court sur les côtés	an den Seiten recht kurz
plein d'échelles	voller (ungewollter) Stufen

faire un carré dégradé	einen gestuften Bob schneiden
un piquetage	abstufender Schnitt
coiffer	frisieren
(se) peigner	(sich) kämmen
donner un coup de peigne	kämmen, frisieren
démêler les cheveux *mpl*	die Haare ausbürsten
rebiquer les pointes *fpl*	die Spitzen stylen, formen
une teinture	Färben
touiller	die Farbe vorbereiten, mischen
faire des mèches *fpl*	Strähnen einfärben
faire un balayage mèches-foncées, mèches claires	helle und dunkle Strähnchen einfärben (bürsten)
faire un balayage sur les mèches de recouvrement	Strähnen in die die Deckhaare einfärben
faire des mèches rouges sur la base foncée	rote Strähnchen auf dem dunklem Grundton (des Haares) einfärben
les cheveux prennent	die Haare nehmen die Farbe an
être éclairci	blondiert sein
faire une mise en plis	die Haare einlegen (Wasserwelle)
la coiffure	**die Frisur**
les cheveux *mpl*	Haare
les cheveux déliés	offene Haare
les cheveux ramassés en chignon	die Haare zu einem Knoten zusammengefasst, aufgesteckt
châtain clair	hellbraun
les tresses *fpl*	Zöpfe
tresser	flechten
le tressage	das Flechten
les tresses afro	Afro-Zöpfchen

une frange	Pony
déstructurée	fransig
effilée	ausgedünnt
une chevelure	Haar
une frisette	kleine Löckchen
une boucle	Locke
une crinière de bouclettes fauves	wilde Lockenmähne
le look surfeur	Surfer-Look
un effet ébouriffé	strubbeliges Aussehen
les pointes effilées	ausgedünnte Spitzen
une permanente	Dauerwelle
une permanente souple	leichte, sanfte Dauerwelle
une permanente froide alcaline	eine alkalische Kaltwelle
une perruque	Perücke

Expressions générales	
C'est pour un rendez-vous ?	Sie möchten einen Termin ausmachen?
Une coupe simple.	Nur Schneiden.
Une coupe-brushing.	Schneiden, Waschen und Föhnen
Voulez-vous passer au bac ?	Kommen Sie bitte mit zum Waschbecken.

C'est une banale song,
mais pour moi super-song.

Alain Souchon

1

Le stage

– Un stage ! s'exclama monsieur Feyrières. Mais qu'est-ce que c'est encore que ces inventions ? Les gamins ne savent pas
5 aligner trois phrases de français et il faut qu'ils fassent des stages. Un stage de quoi, d'abord ?

Il s'adressait à son fils à l'autre bout de la table.

– Mais j'en sais rien, grommela Louis. C'est à nous de trouver, qu'elle a dit, la prof.
10 – « Qu'elle a dit, la prof », le singea son père. Un stage de balayeur, voilà ce que tu trouveras. Non, pas balayeur, il faut dire « technicien de surface », maintenant.

Monsieur Feyrières ricana. Lui, il était chirurgien. Bel homme, la voix forte, il meublait à lui seul toute la salle à
15 manger. Pourtant, il y avait quatre autres personnes à table : Floriane, sept ans, Louis, quatorze ans, madame Feyrières et Bonne-Maman.

– Si c'est qu'une affaire d'une semaine, dit cette dernière, je pourrais peut-être lui dégoter quelque chose.
20 Monsieur Feyrières adressa à sa belle-mère une grimace qui se voulait un sourire d'encouragement.

– J'ai ma coiffeuse qui prend des apprenties, poursuivit Bonne-Maman. Un stagiaire, c'est pas très différent.

Monsieur Feyrières écarquilla les yeux.
25 – Un stage de coiffure ? Pour Louis ?

* Les mots et expressions suivis de * se trouvent dans le vocabulaire thématique autour du monde de la coiffure pp. 7–10

4 **un gamin** *fam* un enfant – 5 **aligner** aneinander reihen – 7 **un bout** Ende –
8 **grommeler** ne pas parler clairement – 10 **singer qn** refaire qn en se moquant de
lui – 11 **un balayeur** qn qui nettoie les rues – 12 **un technicien de surface** un balayeur –
13 **ricaner** rire pour se moquer – 17 **Bonne-Maman** la grand-mère – 19 **dégoter**
trouver – 21 **un encouragement** → le courage – 22 **un apprenti** → apprendre –
22 **poursuivre** *ici* : continuer à parler – 23 **un stagiaire** → un stage – 24 **écarquiller les
yeux** *ici* : ouvrir tout grand les yeux avec surprise

– Ouah, trop de chance, murmura Floriane. Moi, je veux faire coiffeuse quand je serai grande.

Madame Feyrières eut un regard indulgent pour sa petite dernière, qui passait ses mercredis à faire des coiffures à sa
5 Barbie Raiponce. Puis elle se tourna vers sa mère.

– Tu sais, maman, je ne vois pas trop ce que Louis ferait dans un salon de coiffure.

– Y a pas de sot métier, répliqua Bonne-Maman qui avait commencé dans la boulange à seize ans.

10 – Ça serait superbe, ricana monsieur Feyrières en faisant semblant d'admirer une enseigne sur le mur opposé : « LOUIS, coiffeur pour dames ».

Mais comme personne n'avait d'autre idée de stage, Bonne-Maman promit d'en parler à Maïté, la patronne du salon.

15 – Ça ne t'ennuie pas ? s'inquiéta madame Feyrières.

– M'est égal, grogna Louis.

Une fois dans la chambre à coucher, madame Feyrières redouta un accès d'humeur de son mari. Il allait sûrement se plaindre des idées loufoques de Bonne-Maman.

20 – Dans le fond, dit-il en desserrant sa cravate, ce n'est pas une mauvaise chose, ce stage. Louis va apprendre ce qu'est le travail, balayer, ranger, rester des heures debout. Je ne te reproche rien, Véra, mais tu l'élèves dans un cocon, ce gosse. Il est temps qu'il découvre le principe de réalité !

25 Monsieur Feyrières parlait fort, avec de grands gestes, comme s'il était entouré de ses étudiants.

– Le travail manuel a ses vertus, approuva sa femme d'une petite voix.

---

3 **indulgent** ≠ sévère – 5 **Raiponce** Rapunzel – 8 **sot** idiot – 8 **répliquer qc** répondre qc –
9 **la boulange** la boulangerie – 10 **faire semblant** jouer la comédie – 11 **une enseigne**
une pancarte – 15 **ennuyer qn** ≠ plaire à qn – 16 **grogner** grommeler – 17 **redouter** avoir
peur de – 18 **un accès d'humeur** schlecht gelaunt sein – 19 **loufoque** *fam* fou – 20 **dans
le fond** après tout – 20 **desserrer** *ici :* défaire – 22 **balayer** → un balayeur – 22 **debout**
≠ assis, allongé – 23 **élever qn dans un cocon** surprotéger qn – 23 **un gosse** *fam* un
enfant – 26 **être entouré** être au centre – 27 **une vertu** un bon côté

Monsieur Feyrières lui jeta un regard de pitié :

– Oui, la vertu de vous faire comprendre que vous avez intérêt à poursuivre vos études.

Dans sa chambre, Louis pensait précisément à ses études. Il
5 ramait en maths, ne comprenait pas ce que lui voulait la prof de français, s'endormait en allemand. De temps en temps, il avait un sursaut, un peu par amour-propre, un peu parce qu'il avait peur de son père. Il triait les devoirs et les photocopies qui tapissaient le fond de son sac à dos. Puis il s'enfonçait de
10 nouveau dans un marécage de rêves et d'idées confuses.

Le jour peinait à se lever lorsque Louis partit pour le collège, le lendemain. Il eut envie de faire un crochet par le quartier piétonnier. *Maïté Coiffure* se trouvait rue de la Cerche, en face d'une briocherie. En passant devant la vitrine, Louis ralentit le
15 pas. 9h-20h, c'était l'horaire affiché à l'entrée, mais un néon blême clignotait déjà à l'intérieur. Une femme en pantoufles passait une serpillière sur le carrelage. Elle se redressa, une main sur les reins, et regarda vers la rue. Louis vit qu'elle l'avait vu. Il rougit et détala. Cette femme accablée par la fatigue le
20 poursuivit toute la matinée. Était-ce elle, *Maïté Coiffure ?*

– J'ai trouvé un stage à Radio Vibrations, se vanta Ludovic à la cantine. Le présentateur est super-cool, tu peux voir les vedettes et tout. La semaine dernière, ils ont reçu les L5 dans leur studio.

25 Ludovic Janson avait un père anesthésiste, qui travaillait souvent avec monsieur Feyrières. Celui-ci avait donc décidé

---

1 **la pitié** Mitleid – 3 **poursuivre** continuer – 5 **ramer** *fam* avoir beaucoup de difficultés – 7 **un sursaut** *ici :* un moment de nouvelle énergie – 7 **l'amour-propre** *m* le respect de soi-même – 8 **trier** sortieren – 9 **tapisser** se trouver – 9 **s'enfoncer** entrer profondément – 10 **un marécage** Sumpf – 11 **peiner** avoir des difficultés – 11 **lorsque** quand – 12 **faire un crochet** passer – 14 **une briocherie** une boulangerie – 14 **une vitrine** la fenêtre d'un magasin – 14 **ralentir** aller moins vite – 16 **blême** presque blanc – 16 **clignoter** s'allumer et s'éteindre – 17 **une serpillière** Wischlappen – 17 **le carrelage** Fliesen – 17 **se redresser** se relever – 18 **les reins** *mpl* le bas du dos – 19 **détaler** partir vite – 19 **accablé par la fatigue** être très fatigué – 20 **poursuivre** ne pas laisser tranquille – 21 **se vanter** prahlen – 23 **une vedette** une star – 23 **les L5** un groupe français de chanteuses

que Louis et Ludovic étaient amis et que Floriane et Mélissa, les deux petites sœurs, s'adoraient. Par une heureuse coïncidence, Ludovic et Louis (deux prénoms si proches !) étaient réunis dans la même troisième, cette année.

5   – T'as trouvé quoi comme stage, toi ?

Louis regarda son camarade en faisant craquer ses doigts. Il ne comprenait toujours pas pourquoi Ludovic s'asseyait à côté de lui en classe, en face de lui à la cantine. Par moments, il avait envie de lui dire : « Au fait, tu sais quoi ? J'en ai rien à 10   foutre de toi. »

– Rien à foutre, grogna Louis.

Et il tira de ses phalanges un craquement sonore.

– Oui, mais qu'est-ce que tu vas dire à la prof de français ?

15   Ludovic était un bon élève un peu stressé.

– Je vais faire un stage dans un salon de coiffure, dit Louis pour voir l'effet produit.

– Tu te fous de moi ?

Louis pensa « oui » et répondit :

20   – Non.

– T'as pas peur ? Les coiffeurs, c'est tous des Michoubidou…

Ludovic fit une mimique efféminée tout en tourniquant le poignet.

– Très ressemblant, le complimenta Louis. Mais c'est des 25   coiffeuses chez *Maïté Coiffure*.

Il revit en pensée la femme qui passait la serpillière.

– Il y en a une, une blonde, quand elle se penche pour les shampooings*, tu vois tout.

Ludovic en eut le sifflet coupé pour le restant de la journée.

---

2 **une coïncidence** Zufall – 3 **être réuni** être ensemble – 6 **faire craquer ses doigts** mit den Fingergelenken knacken – 9 **au fait** à propos – 9 **n'avoir rien à foutre de qn** *arg* jemand ist einem scheißegal – 12 **une phalange** Fingerglied – 12 **sonore** qui fait du bruit – 18 **se foutre de qn** *arg* se moquer de qn – 21 **un Michoubidou** *ici :* un homosexuel – 22 **efféminé** ≠ masculin – 22 **tourniquer** tourner – 23 **un poignet** Handgelenk – 27 **se pencher** sich beugen – 29 **avoir le sifflet coupé** *fam* ne plus savoir quoi dire

Quand Louis sortit du bahut, à dix-huit heures, le jour se recouchait déjà dans un bon petit édredon de brumes. De loin en loin, trouant la pénombre, les vitrines des magasins brillaient d'une façon surnaturelle. Louis se sentit attiré de nouveau par
5 *Maïté Coiffure*. Il eut un temps d'arrêt sur le trottoir. Ce n'était plus le même endroit. Le salon baignait dans une lumière dorée que diffusaient des vasques en forme de coquillage. À la caisse, au milieu des flacons de shampooing*, d'après-shampooing, d'avant-shampooing, trônait l'authentique
10 madame Maïté, une dame un peu forte, maquillée comme une voiture volée. Elle parlait à une cliente en lui posant une main grassouillette sur le poignet. Elles semblaient amies depuis des années. La cliente s'éloigna, suivie du tendre sourire de la patronne, qui se tourna ensuite vers une autre dame en train
15 de sortir son chéquier. Louis comprit que madame Maïté allait l'aimer autant que la précédente, et il plongea le regard dans les entrailles du salon.

Il y avait trois femmes en batterie sous des casques à cheveux*, feuilletant la presse people pour savoir si Michaël
20 Jackson a vraiment voulu jeter son bébé par la fenêtre, combien a coûté la villa de George Clooney (sept millions d'euros) et le nom de la maladie mystérieuse qui a frappé le Prince Rainier (une bronchite, on est bien rassurée).

Un petit jeune homme en chemise blanche, le col très
25 ouvert, virevoltait autour d'une vieille dame, un coup de peigne* là, un psschit de laque* ici, la glace*, la glace*, s'il vous plaît ! Il appelait une gamine en blouse blanche qui accourut avec un miroir* tout rond pour que la cliente puisse admirer son chignon* sous tous les angles.

---

1 **un bahut** *fam* un collège ou un lycée – 2 **un édredon** Daunendecke – 2 **la brume** Nebel – 3 **trouer** faire un trou – 3 **la pénombre** → l'ombre *f* ≠ la lumière – 3 **briller** faire de la lumière – 4 **attiré** angezogen – 6 **un endroit** un lieu – 6 **baigner** être plongé – 7 **doré** de la couleur de l'or – 7 **diffuser** envoyer – 7 **une vasque** Wasserbecken – 12 **grassouillet** ≠ mince – 13 **tendre** gentil, doux – 15 **un chéquier** → un chèque – 16 **autant que** genauso viel wie – 16 **précédent** ≠ suivant – 16 **plonger le regard dans qc** regarder qc intensément – 17 **les entrailles** *fpl* l'intérieur *m* – 18 **en batterie** ensemble – 23 **être rassuré** être tranquillisé, calmé – 24 **un col** Kragen – 25 **virevolter** tourner rapidement – 27 **une blouse** Kittel

Le salon de coiffure avait une mezzanine. Tandis qu'il se tordait le cou pour voir l'étage supérieur, Louis crut que la blonde inventée pour l'usage exclusif de Ludovic venait de s'incarner. Elle descendait l'escalier, juchée sur des talons
5 aiguilles comme on n'en voit qu'assez tard sur les chaînes cryptées. Un tee-shirt blanc barré d'un *Maïté Coiffure* lui moulait le buste, et ses seins magnifiques lui ouvraient la route comme la figure de proue d'un bateau. Louis eut envie d'y enfouir la tête et il avança le front. Bing ! Il se prit la vitrine.
10 Dur, le principe de réalité.

À la maison, il retrouva sa petite sœur au salon. Elle jouait aux Barbie tout en regardant *Charmed* à la télévision. Louis s'assit sur la moquette et se mit à triturer Raiponce. Il s'aperçut que les longs cheveux blonds faisaient des nœuds et entreprit
15 de les démêler* avec la brosse* qui traînait toujours sur le canapé.

– Tu es rentré, Louis ? fit soudain la voix de sa mère.

Le garçon rejeta la poupée. Madame Feyrières entra dans le salon, toute souriante.

20 – J'ai une bonne nouvelle pour ton stage. J'ai parlé avec Nadine.

Nadine Janson, la mère de Ludovic et Mélissa. Louis fronça les sourcils, inquiet.

– Elle connaît quelqu'un qui travaille à Radio Vibrations et
25 qui accepte les stagiaires.

– Et alors ? fit Louis, incapable d'en articuler davantage.

– Mais ça va être… « cool », non ? balbutia sa mère. Ludovic y sera aussi.

---

1 **une mezzanine** Zwischengeschoss – 1 **tandis que** pendant que – 2 **se tordre le cou** sich den Hals verrenken – 4 **s'incarner** apparaître – 4 **juché sur** posé sur – 4 **un talon aiguille** Bleistiftabsatz – 6 **crypté** verschlüsselt – 7 **mouler qc** prendre la forme de qc – 7 **un buste** le haut du corps – 7 **les seins** *mpl* Brust – 8 **une figure de proue** une statue à l'avant d'un bateau – 9 **enfouir** mettre – 9 **le front** le haut du visage – 12 ***Charmed*** une série américaine – 13 **une moquette** un tapis – 13 **triturer qc** jouer nerveusement avec qc – 14 **un nœud** Knoten – 14 **entreprendre de** commencer à – 15 **traîner** se trouver là sans raison – 17 **soudain** tout à coup – 22 **froncer les sourcils** *mpl* die Stirn runzeln – 26 **articuler** *ici :* dire – 26 **davantage** plus – 27 **balbutier** parler de manière confuse et hésitante

La colère alluma une brève flambée dans les yeux de Louis.

– Je ne veux pas.

– Tu ne veux pas ? répéta madame Feyrières sans paraître comprendre.

5 – C'est un abruti.

Madame Feyrières joignit les mains de saisissement.

– Ludovic ? Mais c'est un bon élève !

– Et alors ?

Floriane, qui suivait la conversation avec un grand intérêt,
10 crut judicieux de venir en renfort.

– Moi, c'est pareil. Je trouve que Mélissa, elle est abrutie.

– Mélissa ?

Madame Feyrières suffoquait.

– Mais c'est une charmante petite fille.

15 – Oui, elle est charmante, concéda Floriane, mais elle est abrutie.

Louis se mit à rire. Puis il vit que sa mère était toute désemparée. Elle avait voulu bien faire.

– T'inquiète, lui dit-il. Je vais faire le truc de Bonne-Maman.

20 – Quel truc ?

– Mais son machin de coiffure, bougonna Louis.

Il sentit qu'il devenait très rouge et il tourna le dos à sa mère en faisant craquer ses doigts.

Bonne-Maman prit rendez-vous avec Maïté, un jeudi.

25 – C'est son jour de creux, expliqua-t-elle à son petit-fils.

– Mais elle t'a dit qu'elle était d'accord ?

– D'abord, elle veut te voir. Tu aurais pu cirer tes chaussures.

Louis songea qu'il avait gardé son sweat taché de Nutella. La nervosité de sa grand-mère commençait à le gagner d'autant

1 **bref** court – 1 **une flambée** l'explosion violente d'un sentiment – 5 **un abruti** un idiot – 6 **joindre** faire toucher – 6 **un saisissement** un trouble – 10 **judicieux** intelligent – 10 **venir en renfort** venir en aide – 11 **pareil** la même chose – 13 **suffoquer** avoir des difficultés à respirer – 15 **concéder** être d'accord – 18 **désemparé** qui ne sait plus quoi dire – 19 **t'inquiète** *fam* ne t'inquiète pas – 21 **un machin** un truc, une chose – 21 **bougonner** grommeler – 25 **un jour de creux** un jour où il n'y a pas beaucoup de clients – 27 **cirer** nettoyer – 28 **songer** penser – 28 **taché** befleckt – 29 **d'autant que** um so mehr als

que Bonne-Maman avait fini par lui avouer qu'elle était nouvelle cliente dans ce salon.

Ce jeudi matin, l'heure était au recueillement chez *Maïté Coiffure*. L'apprentie reliait les points d'un dessin dans un
5 *Mickey magazine* oublié par un petit client. La belle blonde, retenant son souffle, passait sa deuxième couche de vernis* blanc nacré. Madame Maïté affrontait les mystères de la TVA dans son livre de comptes, les lunettes glissées au bout de son nez, tandis que le petit coiffeur finissait la coupe en brosse*
10 d'un vieux monsieur que tout le monde appelait « le colonel ». Madame Maïté gratifia Bonne-Maman d'un sourire qui en disait long sur l'amitié qu'elle lui portait.

– C'est mon petit-fils, dit Bonne-Maman en désignant Louis. Vous savez, pour le stage…
15 – Ah ? Oui.

Le sourire se rétrécit. La patronne dévisagea Louis, dont les joues se mirent à flamber.

– Il a les papiers du collège à faire signer ? demanda -t-elle.

– Oui, madame, répondit Louis en allant chercher sa voix
20 dans les timbres les plus graves.

– Il a une chemise blanche ?

Un peu troublé par cet interrogatoire à la troisième personne, Louis répéta « oui, madame ».

– Faut pas hésiter à le faire travailler, intervint Bonne-
25 Maman.

Le petit coiffeur s'approcha alors du comptoir et glissa à l'oreille de la patronne :

– Shampooing-coupe* pour le colonel.

---

3 **le recueillement** *ici :* le silence – 4 **relier un point à l'autre** faire la liaison entre deux points – 6 **retenir son souffle** s'arrêter de respirer – 6 **une couche** Schicht – 7 **nacré** perlmuttfarben – 7 **affronter** *ici :* s'occuper de – 7 **la TVA** MwSt – 8 **un livre de compte** Buch zur Kontoführung – 8 **glissé** tombé – 11 **gratifier qn d'un sourire** sourire aimablement à qn – 13 **désigner** montrer du doigt – 16 **rétrécir** diminuer – 16 **dévisager qn** regarder qn avec curiosité – 17 **flamber** brûler, rougir – 20 **un timbre** *pour la voix* Klang – 20 **grave** tief – 24 **°hésiter** ne pas pouvoir se décider, ne pas savoir quoi faire – 24 **intervenir** dire – 26 **un comptoir** Tresen – 26 **glisser** *ici :* dire

– Merci, Fifi. Il avait un vestiaire ? questionna Maïté.

– Garance s'en occupe, répondit Fifi.

Les yeux de Louis étaient allés de l'un à l'autre pendant l'échange. Fifi, Garance, le colonel, on tournait un film ?

5 – Quand veut-il commencer ? demanda la patronne en s'intéressant de nouveau à Louis.

– Le stage, c'est du lundi 20 au vendredi 24.

– Bien. Alors, une chemise blanche, les cheveux propres. On ouvre à neuf heures. Mais, le lundi, c'est fermé. On décalera du

10 mardi au samedi.

Sur le chemin du retour, Bonne-Maman résuma ses impressions :

– Son homme doit pas rigoler tous les jours.

Louis se demanda s'il n'allait pas regretter Radio Vibrations.

---

1 **un vestiaire** *ici :* un vêtement – 8 **propre** ≠ sale – 9 **décaler** *ici :* changer

2

Mardi 21

Le vendredi, puis le samedi, Louis passa devant *Maïté Coiffure*. À chaque fois, il cherchait Fifi des yeux et le détaillait.
5 Le pantalon noir très ajusté, les chaussures de cuir avec une talonnette (Fifi voulait se grandir), la chemise un peu bouffante, la gourmette au poignet. Louis se regardait un peu plus loin dans une vitrine. La parka, le jean, les baskets. Ça n'allait pas. Une colère l'envahissait, une colère sans phrases.
10 Ce lundi matin, il n'avait pas cours avant dix heures. L'appartement était vide. Louis en profita pour fouiller dans la penderie de son père. Monsieur Feyrières n'était pas très grand et son fils avait bien poussé ces derniers temps. Louis essaya une chemise blanche et dut constater qu'il n'avait pas encore
15 la carrure de son père. Mais en laissant du flou ? Il ouvrit le col, un bouton, deux, puis mit les mains dans ses poches-revolvers.

– Genre, dit-il à son reflet.

Il renonça au pantalon à pinces et choisit dans ses propres
20 affaires un jean bien repassé. Il s'examina une seconde fois dans le miroir*.

– Ça le fait.

Restait le délicat problème des chaussures. Pas d'autre solution que de craquer les cent euros de Bonne-Maman. Qui
25 aurait imaginé, quinze jours plus tôt, que Louis emploierait l'argent de son anniversaire à acheter des chaussures de vieux ? C'est pourtant ce qu'il fit. Dans la salle de bains, il put enfin s'admirer de la tête aux pieds.

---

5 **ajusté** ≠ large – 5 **le cuir** Leder – 6 **une talonnette** Ferseneinlage – 7 **bouffant** bauschig – 7 **une gourmette** Gliederarmband – 9 **envahir** *ici :* überwältigen – 11 **fouiller** chercher ce qui peut être caché – 12 **une penderie** Kleiderschrank – 13 **pousser** *ici :* grandir – 15 **la carrure** la largeur du dos – 15 **laisser du flou** etw offen lassen – 16 **un bouton** Knopf – 16 **une poche revolver** une poche de derrière – 19 **un pantalon à pinces** Bundfaltenhose – 20 **repassé** gebügelt – 23 **délicat** *ici :* difficile – 24 **craquer** *fam ici :* utiliser – 25 **tôt** ≠ tard – 25 **employer** utiliser

– T'es amoureux ? fit une petite voix dans son dos.

Floriane le dévorait des yeux. Louis porta un doigt à ses lèvres. Son cœur était secret-défense. Même lui n'y avait pas accès.

5 Le mardi, il était en avance. Dans la lumière mal réveillée du néon, la femme de ménage nettoyait mollement les miroirs*. Louis resta quelques instants à battre la semelle sous la bruine en rentrant les épaules. Puis il s'aperçut que le cuir de ses chaussures se ternissait. Il ressentit de nouveau cette muette
10 colère contre lui et courut se réfugier sous l'auvent de la briocherie. Sans le vouloir, il bouscula une personne qui s'y trouvait déjà.

– Ah… mais, protesta une jeune femme qui grelottait dans un imperméable.

15 – S'cusez.

Il lui jeta un regard de côté. C'était la belle blonde, mais méconnaissable. Les cheveux hâtivement ramassés en chignon*, le visage sans fard et les yeux rougis, elle reniflait en se serrant elle-même entre ses bras. Louis fut à la fois peiné
20 et déçu. C'était comme une statue de déesse que des brutaux auraient jetée à terre.

– Ah ! s'exclama la jeune femme quand le salon de coiffure s'illumina.

Elle partit en trottinant sur ses trop hauts talons. Louis la
25 suivit peu après. Il eut un petit choc en poussant la porte du salon. Madame Maïté était déjà là, impeccablement maquillée.

---

2 **dévorer qn des yeux** regarder qn avec un très grand intérêt – 5 **être en avance** ≠ être en retard – 6 **une femme de ménage** Putzfrau – 6 **mollement** ≠ énergiquement – 7 **la bruine** une pluie légère et fine – 8 **une épaule** Schulter – 9 **se ternir** perdre son éclat, sa couleur – 9 **muet** *ici :* qui ne peut pas s'exprimer – 10 **se réfugier** *ici :* se mettre – 10 **un auvent** Vordach – 13 **grelotter** trembler de froid – 14 **un imperméable** un manteau qui protège de la pluie – 17 **méconnaissable** qu'on ne reconnaît pas – 17 **hâtivement** très vite – 18 **le fard** un maquillage – 18 **renifler** schniefen – 19 **peiné** triste – 20 **une déesse** Göttin – 23 **s'illuminer** quand la lumière s'allume – 24 **trottiner** trippeln – 26 **impeccablement** parfaitement

23

Or, Louis ne l'avait pas vue entrer. Elle semblait s'être brusquement matérialisée derrière son comptoir.

– C'est pour un rendez-vous* ?

Elle avait oublié Louis.

5 – Non, le… le stage, bredouilla-t-il, cherchant autour de lui l'appui de sa grand-mère.

– Le stage ? Ah, oui, le stage… Mon Dieu, soupira madame Maïté. Bon, ne mouillez pas le carrelage. Allez mettre vos affaires au vestiaire.

10 – Oui, madame.

Louis éprouva pour la première fois de sa vie la sensation qu'il était responsable de lui. Il suspendit sa parka à un cintre, puis vérifia sa tenue dans un des miroirs*.

– Bonjour, tout le monde ! fit une voix gaiement perchée.

15 – Bonjour, Fifi. Si ça ne vous ennuie pas, il y aurait le petit stagiaire à occuper aujourd'hui.

Louis se fit l'effet d'un boulet. Mais Fifi lui sourit.

– Je vais vous apprendre à faire le café, lui glissa-t-il, le ton confidentiel.

20 Il fallait en proposer aux clientes pour les aider à passer le temps.

– Ou du thé, si elles préfèrent. Là, c'est les sachets. Vanille ou Earl Grey. Et vous pourrez aussi donner un coup de balai, hein ? Vous verrez avec Garance ?

25 Il parlait très poliment, avec plein de petits gestes délicats. Louis évitait de le regarder en face. Fifi n'était pas très beau et essayait de masquer sous du fond de teint une acné des plus pénibles à voir. Mais il était d'une gentillesse inaltérable.

– Vous voulez porter une tasse de café à Clara sur la 30 mezzanine ?

---

1 **se matérialiser** prendre corps, devenir réel – 2 **brusquement** tout à coup – 5 **bredouiller** parler d'une manière confuse – 6 **l'appui** *m* l'aide – 7 **soupirer** seufzen – 11 **éprouver la sensation** avoir la sensation – 12 **suspendre** accrocher (aufhängen) – 12 **un cintre** Kleiderbügel – 13 **une tenue** la façon d'être habillé – 14 **perché** haut – 17 **se faire l'effet de** avoir l'impression de – 17 **un boulet** une personne dont on ne sait pas quoi faire – 22 **un sachet** un petit sac avec du thé pour une tasse – 23 **un balai** → le balayeur – 25 **poliment** → poli (höflich) – 27 **un fond de teint** gefärbte Gesichtscreme – 28 **inaltérable** grand

– Oui, monsieur.

– Oh, vous pouvez m'appeler Fifi.

– C'est votre nom ? s'étonna Louis en songeant aux trois neveux d'Oncle Donald.

5 La candeur du garçon fit rire le jeune coiffeur.

– Non, c'est Philippe.

Louis s'en voulut de sa propre stupidité. Il prit la tasse de café et monta à l'étage.

– Bonjour, mademoiselle. Votre café.

10 – Hon, lui répondit-on.

À la décharge de Clara, elle était en train d'appliquer son gloss à lèvres. Louis la regarda faire, bouche bée. Clara s'était métamorphosée. Un chignon* sophistiqué laissait s'échapper quelques boucles* folles et son teint avait pris une fragilité de
15 porcelaine. Pouvait-on se douter que cette même jeune femme avait étouffé des sanglots, quelques minutes auparavant, sous l'auvent de la briocherie ? Seul le fond trouble de ses yeux la trahissait encore un peu. Elle avisa Louis dans le miroir*.

– T'as jamais vu de fille ?

20 Louis se dépêcha de rejoindre Fifi au rez-de-chaussée.

– Bonjour, madame Rémy. Mais quel temps !

La patronne accueillait ainsi une grosse dame courte et essoufflée.

– On va vous débarrasser de votre parapluie. Garance ! Ah
25 non, elle n'est pas arrivée. Louis, mon petit…

Louis ouvrit des yeux effarés.

– Le parapluie de madame Rémy. Et son manteau. Et sortez une blouse.

Les ordres tombaient dru de la bouche de la patronne.

---

4 **un neveu** Neffe – 5 **la candeur** la naïveté – 7 **s'en vouloir de qc** sich über etw ärgern – 11 **à la décharge de qn** pour excuser qn – 11 **appliquer** mettre – 12 **bouche bée** surpris – 13 **sophistiqué** ≠ simple – 13 **s'échapper** *ici* : sortir – 14 **une fragilité** *ici* : un air – 15 **se douter** imaginer – 16 **étouffer un sanglot** éviter de pleurer – 16 **auparavant** ≠ après – 18 **trahir** verraten – 18 **aviser qn** *ici* : regarder qn avec attention – 20 **se dépêcher** faire vite – 20 **rejoindre qn** aller retrouver qn – 23 **essoufflé** qui respire difficilement – 24 **débarrasser qn de qc** jdm etw abnehmen – 26 **effaré** plein de peur – 28 **une blouse** *ici* : Umhang – 29 **tomber dru** venir en grande quantité

– Vous avez pris un deuxième apprenti ? s'informa madame Rémy.

Madame Maïté n'hésita qu'une demi-seconde.

– Heu, oui.

5 Cette histoire de stagiaire la fatiguait. Apprenti, c'était pareil. Les bras chargés, Louis se dirigea vers le vestiaire. Au passage, il jeta un regard angoissé à Fifi.

– Une blouse, articula silencieusement le jeune coiffeur.

Elles étaient suspendues dans le vestiaire. Louis prit la
10 première qui lui tombait sous la main, une rose avec des petits canards. Il revint vers madame Rémy et la lui tendit. Elle éclata de rire.

– Voyons, Louis, gronda madame Maïté, c'est pour les enfants.

15 Puis elle se mit à rire aussi, tant la petite blouse était ridicule, brandie sous le nez de la grosse madame Rémy. Louis n'eut pas la bonne grâce de rire, lui aussi. Il était vexé.

– Mais allez vite en chercher une autre, le houspilla madame Maïté. Je vous jure, ils ne sont pas dégourdis, de nos jours.

20 Louis retourna au vestiaire avec au bord des lèvres une envie de crier : « Je vais le dire à Bonne-Maman ! »

Mais il prit sur lui, attrapa une blouse de bonne taille et aida madame Rémy à l'enfiler.

– Vous voulez une tasse de café ? proposa-t-il en imitant le
25 ton confidentiel de Fifi.

– Du thé, s'il vous plaît.

Une autre dame passa la tête par la porte.

– C'est possible de me donner un coup de peigne* ?

– Mais bien sûr, mademoiselle Rapoport. Clara ?
30 Louis, allez chercher Clara.

---

6 **chargé** ≠ vide – 6 **se diriger** aller – 6 **au passage** en passant – 7 **angoissé** plein de peur – 11 **tendre** *ici* : donner – 11 **éclater de rire** commencer à rire très fort – 13 **gronder** schimpfen – 16 **brandi** tenu en l'air – 16 **avoir la bonne grâce** avoir la bonne idée – 17 **vexé** en colère – 18 **houspiller** gronder – 19 **jurer** promettre – 19 **dégourdi** geschickt – 22 **prendre sur soi** sich zusammenreißen – 23 **enfiler** mettre

Le malheureux Louis venait juste de trouver les sachets d'Earl Grey. Il courut à l'étage.

– Une cliente pour vous ! lança-t-il.

Puis il dévala l'escalier.

5 – Le vestiaire pour mademoiselle Rapoport, Louis.

– Oui, madame.

Le carillon de la porte tinta de nouveau.

– Vous auriez une place pour moi ? s'enquit un monsieur.

– Juste un rafraîchissement ? proposa madame Maïté.

10 Louis voulut se montrer à la hauteur :

– Du thé ou du café ?

Ce fut un éclat de rire général. Fifi, ayant pitié de Louis, lui expliqua qu'il s'agissait de « rafraîchir » la coupe* de cheveux. Cette fois-ci, Louis eut la bonne idée de rire de lui.

15 – Vous venez au bac*, madame Rémy ? dit Fifi. Je vous prends tout de suite, monsieur. Louis, le vestiaire.

C'était l'affolement. Garance manquait à l'appel et tout le monde semblait avoir besoin de *Maïté Coiffure*, ce mardi matin. Louis fut rapidement stylé. Thé, café, vestiaire.

20 – Tu peux balayer ? lui demanda Clara après avoir fait une coupe*.

Elle était la seule à le tutoyer.

Enfin, Garance entra, l'air apeuré.

– *J'm'escuse*, dit-elle en s'effondrant presque sur le comptoir. 25 C'est pas d'ma faute. C'est le tram. Il marchait pas, ce matin.

– Voyons, Garance, ne raconte pas n'importe quoi, la réprimanda à voix basse madame Maïté.

Ses yeux jetaient des éclairs.

– Ce n'est pas comme ça que tu auras ton CAP. Ils vont 30 m'entendre à l'école.

---

3 **lancer** *ici :* crier – 4 **dévaler** descendre très vite – 7 **un carillon** Glöckchen – 7 **tinter** sonner – 8 **s'enquérir** demander – 9 **un rafraîchissement** 1. Erfrischungsgetränk 2. das Wiederauffrischen des Haarschnitts – 17 **un affolement** une panique – 19 **être stylé** faire bien son travail – 22 **tutoyer** dire « tu » – 24 **s'effondrer** *ici :* se laisser tomber brutalement – 25 **un tram** Straßenbahn – 27 **réprimander** gronder – 29 **le CAP** = Cerficat d'aptitude professionnelle, entspricht der Abschlussprüfung an einer gewerblichen Berufsschule

Garance était au bord des larmes.

– Mais j'vous jure, madame Maïté…

– Garance ! l'appela Fifi. Tu viens rincer* madame ?

La jeune apprentie fila au fond du magasin. Au passage, elle
5 souffla au coiffeur :

– J'me suis pas réveillée.

– Si t'arrêtais de faire la bringue, le soir ? répliqua Fifi en lui
donnant une tape sur les fesses.

Garance se cogna presque dans Louis en allant vers le bac.
10 – C'est qui, lui ?

– Pas « lui », Louis, plaisanta Fifi. C'est ton nouveau chevalier
servant.

Les deux adolescents se jetèrent un regard de défiance. Mais
il y avait toujours plus de monde et tous deux furent occupés
15 jusqu'à midi passé.

Il régnait une atmosphère de fièvre joyeuse dans le salon.
L'ammoniaque dégageait les sinus, la laque* gratouillait le fond
de la gorge. Garance passait les rouleaux* à Fifi pour une mise
en plis*. Louis tendait un à un les petits papiers d'aluminium
20 à Clara qui faisait des mèches* à madame Rémy. Chaque fois
que la coiffeuse se penchait sur sa cliente, Louis avait une
vue imprenable sur son décolleté. Madame Rémy, qui était
moqueuse, finit par le remarquer.

– Dites donc, Clara, vous penchez pas plus ou vous allez tout
25 lui montrer.

– Oh, il serait déçu.

Elle fit semblant de chuchoter, mais Louis entendit très
clairement :

– C'est moitié du faux. Fifi pourrait en avoir autant.

---

1 **être au bord des larmes** être sur le point de pleurer – 5 **souffler** *ici :* dire à voix
basse – 7 **faire la bringue** faire la fête – 8 **une tape** Klaps – 8 **les fesses** *fpl* le
derrière – 9 **se cogner** rentrer – 11 **plaisanter** dire qc qui fait rire – 11 **un chevalier
servant** (Diener) – 13 **la défiance** ≠ la confiance – 16 **régner** *ici :* avoir – 16 **la fièvre** *ici :*
l'activité – 16 **joyeux** → la joie – 17 **dégager** rendre libre – 17 **les sinus** *mpl* le nez –
17 **gratouiller** kratzen – 22 **imprenable** ≠ caché – 27 **faire semblant** so tun als ob –
27 **chuchoter** parler très bas

Fifi leva les yeux au ciel en essayant de paraître offensé, ce qui redoubla les rires. « Drôle d'endroit », songea Louis. Mais il était à demi-mort de faim et personne ne parlait d'aller manger.

5 – Bon, qu'est-ce que je vous prends ? déclara soudain Garance.

Cette simple question déclencha une avalanche de commandes et de recommandations :

– Tu me prends un jambon-beurre, mais avec moins de 10 beurre qu'hier et un cornichon.

– Une crudités-salade, mais sans sauce. Et des carottes râpées.

– Qui veut une portion de frites à partager ?

– Moi ! Mais le sel à part.

15 Garance ne cessait de soupirer et de porter la main à son front. De toute façon, elle ferait comme d'habitude : n'importe quoi.

– Attendez, je vais noter sur un papier, intervint Louis.

Ce qu'il fit très posément, sans remarquer le regard furibond 20 de Garance. Puis il alla prendre sa parka.

– J'y vais.

On lui donna un peu d'argent et il partit sans se savoir poursuivi par toutes les malédictions que Garance pouvait inventer dans sa tête. Il venait de lui voler le meilleur moment 25 de la journée ! D'ordinaire, elle prenait près d'une heure pour faire ces petites commissions en prétextant chaque fois qu'elle était tombée sur une file de deux kilomètres.

Un quart d'heure plus tard, Louis était de retour avec les commandes scrupuleusement honorées. Madame Maïté le

---

1 **offensé** vexé – 2 **redoubler les rires** faire rire plus et plus fort – 5 **déclarer** dire – 7 **déclencher** provoquer – 7 **une avalanche** *fig* une grande quantité – 8 **une commande** Bestellung – 8 **une recommandation** un conseil – 11 **une crudité-salade** Salat aus rohem Gemüse – 11 **les carottes râpées** *fpl* une salade de carottes – 14 **à part** ≠ ensemble – 15 **cesser** finir – 16 **de toute façon** sowieso – 19 **posément** calmement – 19 **furibond** très en colère – 23 **une malédiction** Verwünschung, Verfluchung – 26 **les commissions** *fpl* les courses – 27 **une file** beaucoup de personnes les unes derrière les autres – 29 **honorer scrupuleusement qc** faire exactement ce qu'on a prié de faire

complimenta d'un simple « bien, Louis » et il eut même droit à un « super ! » de la part de Clara quand elle ouvrit son sandwich au jambon et y découvrit un cornichon.

L'après-midi parut assez long à Louis. Ses jambes lui rentraient
5 dans le corps. Heureusement, il y avait les conversations. Fifi ne cessait de lancer des blagues, et les clientes se laissaient aller à d'insolites confidences.

– Moi, quand j'ai mes règles, c'est même pas la peine d'essayer de me coiffer*.
10 – Vous plaignez pas. Depuis que j'ai ma ménopause, j'ai mes cheveux comme du foin.

Louis tournait la tête, un peu gêné. Puis il s'appuyait au mur, les yeux papillotant aussi bien à cause de la fatigue que des produits irritants. Et il écoutait encore, il regardait encore.
15 Les ciseaux* voltigeurs de Fifi le fascinaient, si vifs, si précis, glissant le long du peigne*, piquetant tout près des yeux, tout au bord des oreilles. Louis en avait des frissons. Tout en coupant, Fifi commentait :

– Je vous effile la frange*, madame Parmentier (clic, clic), ça
20 fera moins lourd. C'est tendance (clic, clic), on déstructure* les franges* (clic), cette année.

Le carillon de l'entrée sonna.

– Mais c'est notre Gabriel ! s'écria madame Maïté depuis son comptoir.
25 Louis aperçut un enfant de trois ou quatre ans, qu'il prit d'abord pour une petite fille. Sa maman, qui l'exhibait fièrement, passa la main dans son casque de cheveux blonds.

– La frange* est un peu longue, et puis il faudrait raccourcir par-derrière.

---

2 **de la part de** von – 6 **une blague** Scherz – 7 **insolite** extraordinaire – 7 **une confidence** le fait de parler d'un secret / problème personnel – 8 **être la peine** être inutile – 11 **le foin** *ici :* Stroh – 12 **gêné** verlegen – 12 **s'appuyer contre qc** sich an etw lehnen – 13 **papillotant** se fermant et s'ouvrant – 15 **voltigeur** acrobatique – 15 **vif** rapide – 16 **glisser** gleiten – 16 **piqueter** abstecken – 17 **avoir des frissons** trembler – 20 **c'est tendance** c'est la mode – 23 **s'écrier** dire à voix forte – 26 **exhiber** montrer

– Deux centimètres ? proposa madame Maïté.

– Oh, à peine…

Fifi mit un gros coussin sur le fauteuil et y déposa Gabriel, très droit, très sérieux dans sa blouse rose à petits canards.

5 – Je te laisse, mon cœur, fit la maman. Tu es sage, mon chéri. Maman t'aime, elle revient très vite, mon trésor.

Cela parut beaucoup à Louis pour des courses à Casino. Fifi mouilla* les cheveux de l'enfant et se lança dans la taille de la frange*. Louis s'assit à côté de lui, sur le tabouret à roulettes,

10 et, sans s'en apercevoir, se mit à imiter de la main droite, avec l'index et le majeur, le pizzicato des ciseaux*.

– Vous voulez essayer ? lui demanda soudain Fifi à mi-voix.

Louis sursauta.

– Oh, non, je…

15 – Garance ! appela Fifi.

Il attrapa l'apprentie par la manche et la plaça devant lui en rempart.

– C'est pour pas qu'elle nous *voye*, murmura-t-il à Louis.

Il parlait de madame Maïté.

20 – Vous *faisez* des bêtises ? s'informa Gabriel.

Fifi approuva d'un signe de tête et plaça les ciseaux* dans la main de Louis.

– Non, je, non…

Entre rire et panique, Louis secouait la tête.

25 – C'est le grand garçon qui coupe les cheveux ? questionna l'enfant.

– Dépêchez-vous, les bouscula Garance.

Louis cessa de rire, de ciller, de respirer même. Il approcha les ciseaux* de la frange* et se lança à son tour. C'était étrange,

---

2 **à peine** *ici :* plutôt un peu moins – 3 **un coussin** Kissen – 3 **un fauteuil** *ici :* la chaise chez le coiffeur – 5 **mon cœur** mon chéri – 5 **sage** gentil, tranquille – 6 **mon trésor** mon chéri – 7 *Casino* un supermarché – 8 **se lancer dans la taille de** commencer à couper – 9 **un tabouret à roulettes** Rollschemel – 11 **l'index** *m* Zeigefinger – 11 **le majeur** Mittelfinger – 13 **sursauter** aufschrecken – 16 **manche** Ärmel – 16 **en rempart** als Deckung – 24 **secouer la tête** bouger la tête de gauche à droite – 27 **bousculer** *ici :* dire de faire vite – 28 **ciller** faire un mouvement – 29 **se lancer** s'y mettre

les doigts semblaient savoir ce qu'il fallait faire. Ou c'étaient les ciseaux* de Fifi. Les gestes venaient naturellement.

– Bien, l'encouragea le jeune coiffeur. Extra. Vous aviez déjà travaillé la coupe* ? Non ? C'est incroya… houps !

5 Un coup de ciseaux* malheureux venait de trancher net une large mèche* de cheveux. La jolie frange* blonde ressemblait à un peigne* édenté. Fifi parut un instant anéanti. Mais c'était un garçon de ressources.

– Dis-moi, Gabriel, ça arrive qu'on te prenne pour une fille ?

10 – Oui, dit l'enfant.

– Est-ce que tu voudrais pas ressembler à un petit garçon plutôt ? lui demanda Fifi, cherchant des yeux son rasoir*.

– Si.

– Tu es sûr ?

15 – Oui.

– Et en avant pour la coupe* courte, dit Fifi entre ses dents.

Les boucles* blondes tombèrent en pluie sur le carrelage. Louis, tétanisé, regarda s'achever le massacre au rasoir*. En dix minutes, l'angelot fragile céda la place à un petit gars plein de

20 santé. Fifi lui rebroussa une mèche* à la Tintin avec un peu de gel.

– Il est trognon ! s'extasia Garance.

Gabriel écarquilla les yeux devant son propre reflet. Il fit une petite moue, comme s'il allait pleurer.

25 – C'est ton papa qui va être content, déclara Fifi.

Les lèvres du petit cessèrent de trembler et dessinèrent un grand sourire. Le carillon d'entrée se mit à tinter.

– Fifi ! appela madame Maïté. Gabriel est terminé ?

– Je te crois, murmura le jeune coiffeur qui n'en menait pas

30 large.

---

5 **trancher** couper – 7 **édenté** à quoi il manque des *dents* (Zahn) – 7 **anéanti** désespéré – 8 **une ressource** *ici :* une idée – 18 **tétanisé** paralysé – 18 **s'achever** se terminer – 19 **un angelot** Engelchen – 19 **céder** donner – 19 **un gars** un garçon – 20 **rebrousser** *ici :* faire – 20 **Tintin** Tim – 22 **trognon** *fam* mignon – 22 **s'extasier** s'exclamer – 23 **écarquiller les yeux** *ici :* ouvrir tout grand les yeux avec surprise – 23 **un reflet** son image dans le miroir – 24 **une moue** une grimace – 29 **ne pas en mener large** ne pas faire le fier

Il descendit Gabriel du fauteuil et le petit courut se planter devant sa maman.

– Je suis Gabriel garçon, maintenant.

La pauvre mère en poussa un cri d'effroi.

5 – Mais… mais qu'est-ce que vous lui avez fait ?

L'acné de Fifi s'enflamma sous son fond de teint.

– Heu… c'est lui qui voulait être comme son papa.

– Comme papa, confirma Gabriel.

– Mais mon petit cœur, chevrota sa maman.

10 – Il y avait un shampooing*, Fifi ? enchaîna madame Maïté sur un ton naturel. Non ? Alors, nous disons une coupe* simple. Dix euros.

Tching, cling, tiroir-caisse, au revoir, Gabriel ! Madame Maïté, furieuse, se retourna vers son coiffeur. Elle leva les bras 15 au ciel.

– Non mais vraiment, Philippe, par moments, on se demande…

Elle allait ajouter : « si vous êtes normal » puis y renonça dans un soupir.

20 Louis, qui s'était fait tout petit, s'approcha peu à peu de la vitrine et y appuya le front. Dix-huit heures. La nuit tombait. Louis n'en pouvait plus. Il faisait trop chaud dans le salon. Au revoir, merci, bonjour, c'est pour un rendez-vous ? La ronde des clientes n'en finissait plus. Louis pensait vaguement : 25 « Quand elles entrent, elles sont fatiguées. Quand elles sortent, elles sont jolies. » Au revoir et merci.

– Vous voulez rentrer chez vous, Louis ?

– Non, ça va, madame Maïté.

Fifi lui jeta un petit regard en coin.

30 – Il est mort.

C'était gentil, mais c'était vexant.

– Je peux tenir, répondit Louis.

Cette phrase le grandit dans l'estime de madame Maïté.

---

1 **se planter** se mettre – 4 **l'effroi** *m* Entsetzen – 9 **chevroter** dire qc d'une voix qui tremble – 10 **enchaîner** dire – 18 **renoncer à faire qc** abandonner l'idée de faire qc – 21 **appuyer** poser – 29 **en coin** *pour le regard* rapide – 32 **tenir** *ici :* durchhalten, bleiben – 33 **l'estime** *f* Achtung

Louis tint en effet une heure de plus. Puis il songea que ses parents allaient s'inquiéter. Il quitta *Maïté Coiffure* à 19 h 15, les yeux en feu, les sinus brûlants. Il flageolait sur ses jambes.

– Hum, tu sens bon, remarqua Floriane quand il entra dans
5 le salon.

Il apportait avec lui tous les parfums des femmes.

– Y a l'abruti qui a appelé.

Floriane voulait parler de Ludovic.

– Qu'est-ce qu'il voulait ?

10 – C'est pour te dire qu'il a eu l'autographe de Jennifer.

Louis ricana. L'autographe de Jennifer. Ça faisait pitié.

Au dîner, monsieur Feyrières remarqua l'air épuisé de son fils.

– C'est son stage qui a commencé, expliqua madame Feyrières.

15 – Ah oui, c'est vrai ! se souvint monsieur Feyrières. Et c'est sympa, cette radio ?

Louis le regarda, les yeux ronds.

– Ah, tu… tu ne sais pas, mon chéri ? bredouilla madame Feyrières. Finalement, Louis fait son stage chez *Maïté Coiffure*.
20 Il a préféré.

Monsieur Feyrières resta un moment interloqué. Décidément, ce gamin était incompréhensible.

– Et alors, comment ça s'est passé ?

– Ça va.

25 – Je ne te demande pas si ça va, s'énerva son père. Je te demande de me raconter ta journée.

Louis eut l'impression de se retrouver en face d'un mur blanc. Raconter quoi ?

– C'est des gens qui viennent se faire couper les cheveux.

30 – Et toi, tu as le droit de couper les cheveux ? voulut savoir Floriane.

---

1 **en effet** *m* tatsächlich – 3 **flageoler** trembler – 10 **un autographe** une signature d'un personnage très connu – 10 **Jennifer** une chanteuse française – 12 **épuisé** très fatigué – 21 **interloqué** sans rien dire – 22 **décidément** vraiment

Louis aurait pu se rendre intéressant en racontant la coupe*
courte de Gabriel. Mais c'était compliqué. Tout un autre
monde à expliquer.

– J'ai le droit de rien, bougonna-t-il.

5   Madame Feyrières s'alarma de ce ton maussade.

– Si tu veux, on peut encore changer de stage ?

– Mais c'est n'importe quoi ! protesta monsieur Feyrières. Il y
est, il y reste. Assez de caprices.

Louis se sentit soulagé d'un grand poids, et il ne fut plus
10 question du salon de coiffure pendant le reste du repas.

---

5 **s'alarmer** s'inquiéter – 5 **maussade** ≠ aimable – 8 **un caprice** Laune – 9 **soulagé d'un
grand poids** erleichtert sein

3

Mercredi 22

Louis se dressa d'un bond dans son lit. Le jour perçait à travers les volets. Mais quelle heure était-il donc ?

5 – Merde !

Il avait oublié de mettre le réveil à sonner. Il courut à la cuisine. Sa mère était en train de prendre une deuxième tasse de thé. Elle lui sourit tendrement.

– Je t'ai laissé dormir.

10 – Mais fallait pas ! hurla-t-il au désespoir.

Neuf heures moins cinq. Il allait être en retard comme Garance, la veille.

– Mais, enfin, ce n'est pas la peine de se mettre dans cet état, voulut le raisonner sa mère. C'est pas un vrai stage. Tu es rentré
15 tard hier. Tu peux arriver tard, ce matin.

– Mais non, non, gémit Louis, au bord des larmes.

Il courut s'habiller.

– Prends au moins des céréales ! lui cria sa mère.

Il refusa tout, même les biscuits pour la route. Il était en
20 colère contre lui, il voulait se punir. Il dégringola les escaliers, courut tout le long du trajet. Il sentait tout son corps raide et douloureux. L'air froid lui rabotait les sinus. Il n'avait pas encore récupéré des fatigues de la veille. Quand il entra chez *Maïté Coiffure* à neuf heures vingt-cinq, tout le monde était
25 déjà là.

– Tu me dois un euro ! lança Clara à Fifi par-dessus la rambarde de la mezzanine.

---

3 **se dresser d'un bond** sursauter – 3 **percer** apparaître – 4 **un volet** Fensterladen –
5 **merde !** *vulg* Scheiße! – 10 °**hurler** crier très fort – 14 **raisonner** calmer – 16 **gémir**
pleurer – 18 **au moins** wenigstens – 20 **dégringoler** descendre très rapidement – 21 **un**
trajet un chemin – 21 **raide** ≠ flexible – 22 **douloureux** ⟶ la douleur – 22 **raboter**
hobeln – 23 **récupérer** retrouver des forces – 27 **une rambarde** Geländer

– J'avais parié que tu ne viendrais pas aujourd'hui, expliqua Fifi en riant.

Louis lui jeta un mauvais regard et s'approcha du comptoir.

– Excusez-moi, mais c'est ma mère qui m'a pas réveillé.

5 – Vous n'avez plus l'âge de vous faire réveiller par votre mère, répliqua madame Maïté.

Garance, qui gardait rancune à Louis, décida de l'enfoncer un peu plus.

– C'est quoi, l'adresse de ton coiffeur ? lui demanda-t-elle.

10 Un coup d'œil dans le miroir* renseigna Louis. Il n'avait pas eu le temps de se peigner*. Il essaya de rabattre une ou deux mèches* du plat de la main, mais elles se redressèrent immédiatement.

– Pas mal, les clignotants, gloussa l'apprentie.

15 Fifi, qui était désœuvré, donna une tape sur l'épaule de Louis et lui désigna le bac.

– On va arranger ça.

Louis se sentait tellement ridicule qu'il suivit Fifi sans discuter. Le jeune coiffeur lui fit un shampooing* et, de 20 stagiaire, Louis se retrouva client. Fifi attrapa ses ciseaux* et les fit claquer deux fois comme le bec d'un oiseau.

– Alors, qu'est-ce qu'on te fait ?

Le tutoiement fit plaisir à Louis.

– Fifi, j'ai du monde pour vous ! l'appela madame Maïté, à ce 25 moment-là.

Fifi haussa une épaule et tendit une autre paire de ciseaux* à Garance :

– Tiens, entraîne-toi, dit-il avant de s'éloigner.

– Eh non ! s'écria Louis, effrayé.

30 – Tu veux une brosse* ? proposa l'apprentie à Louis.

---

1 **parier** affirmer que qc est très probable – 7 **garder rancune à qn** être en colère contre qn – 7 **enfoncer** ≠ aider – 11 **rabattre** glätten – 12 **du plat de la main** mit flacher Hand – 14 **un clignotant** Blinker – 14 **glousser** rire – 15 **être désœuvré** ne rien faire – 21 **claquer** *ici* : produire un bruit sec en se fermant – 21 **un bec** Schnabel – 23 **un tutoiement** → tutoyer – 26 **hausser une épaule** eine Schulter hochziehen – 28 **s'éloigner** partir pour aller plus loin – 29 **effrayé** angoissé

Elle avait plus confiance dans le rasoir* que dans les ciseaux*.

– T'es pas bien ? protesta Louis. Je vais me sécher* les cheveux, c'est tout.

5 Garance désigna madame Maïté d'un mouvement de tête :

– Faut que je m'entraîne ou ça va encore couiner. Bon, alors, je vais te faire une coupe* courte, un genre qui s'appelle en étoile, avec des pointes effilées* machin. J'ai essayé l'autre jour sur mon copain. C'était pas trop la cata.

10 Louis était atterré. Garance n'avait pas du tout l'air compétente, ni même motivée. Pourtant il se laissa faire tout en songeant : « Elle a un copain. Quel âge elle peut avoir ? Plus que moi… quinze, seize » Puis il ferma les yeux, autant pour les protéger que pour ne pas voir le désastre. À plusieurs reprises,

15 il entendit Garance marmonner : « oh, merde ». Au bout de dix minutes, l'apprentie rejeta les ciseaux* en faisant : « Oh, là là », puis elle lança : « Fifi ! » comme elle aurait crié : « Au secours ! » Le jeune coiffeur s'approcha et, les mains sur les hanches, examina le reflet de Louis dans le miroir*.

20 – Tu sais, « déstructuré », c'est pas la même chose que « plein d'échelles* ».

– Mais je suis dans le pâté, le matin, geignit Garance.

Louis faisait peine à voir. Fifi attrapa ses propres ciseaux* et se lança à toute vitesse en babillant :

25 – Là, tu coupes en piquetant (clic, clic) comme ça, pas à angle droit comme ça (clac). On va donner un effet ébouriffé*, tu vas voir (clic, clic), mais bien court sur les côtés*. Passe-moi le gel effet-mouillé*.

En quelques gestes cliquetants, Fifi transforma Louis en
30 promotion pour les gels coiffants*.

---

6 **couiner** *ici :* créer des problèmes – 7 **en étoile** *ici :* igelartig – 8 **un machin** *fam* une chose dont on ne connaît pas le nom – 9 **la cata** = la catastrophe – 10 **atterré** catastrophé – 14 **protéger** schützen – 14 **à plusieurs reprises** plusieurs fois – 15 **marmonner** murmurer parler bas, entre ses dents – 15 **au bout de** après – 18 **une °hanche** Hüfte – 22 **être dans le pâté** *fam* ne pas y voir clair – 22 **geindre** se plaindre – 23 **propre** qui est à lui – 24 **babiller** expliquer – 30 **une promotion** une publicité

– Voilà, effet* saut du lit spécial Fifi, déclara le jeune coiffeur, enchanté de lui-même. Ça te plaît ?

Louis jeta un regard timide vers le miroir*. Puis il s'enhardit, se dévisagea et se sourit, comme avait fait le petit Gabriel. Il
5 avait l'air d'un jeune homme tombé du lit, mais si polisson qu'il ne se reconnaissait pas lui-même.

– J'irai pas au collège comme ça, dit-il prudemment.

– Oh si, t'es trop mignon ! s'enthousiasma Garance.

Louis rougit de ce compliment inattendu.

10 – La touche, mon vieux, blagua Fifi en lui enfonçant le poing dans l'épaule.

Le mercredi, c'était le jour des enfants. Madame Maïté avait mis des sucettes au Coca dans un petit panier à côté de la caisse. En milieu de matinée, une mamie se fit ouvrir la porte.
15 Elle tenait un enfant à chaque main. Théo et Léa. Tout le monde s'extasia. Le petit garçon avait le regard inquiet de celui qui confond encore le coiffeur et le docteur.

– Ça va, la maman ? demanda madame Maïté à mi-voix.

– Mieux.

20 Un ange passa dans le salon.

– Mieux, répéta la grand-mère. Elle doit passer vous voir pour…

Elle désigna des perruques posées sur des têtes en plastique.

– Mais ce n'est pas la peine, intervint Clara. J'irai chez elle
25 pour qu'elle les essaye. Châtain clair*, c'est ça ?

Fifi avait emmené Léa pour le shampooing* et Clara s'accroupit pour apprivoiser Théo.

– Tu viens voir ta sœur qui se fait laver les cheveux, hein ? Tu viens avec moi ?

---

2 **enchanté** satisfait – 3 **s'enhardir** devenir plus courageux – 5 **polisson** frech –
7 **prudemment** avec prudence – 10 **la touche !** voll getroffen! (faire une touche *fam*
= eine Eroberung machen) – 10 **enfoncer** mettre dans – 10 **un poing** Faust – 13 **une**
sucette Lutscher – 13 **un panier** Korb – 17 **confondre** verwechseln – 27 **s'accroupir** se
faire petit – 27 **apprivoiser** *ici :* mieux pouvoir parler

Théo lâcha la main de mamie et suivit la jolie dame parfumée. La grand-mère en profita pour se rapprocher du comptoir. Elle avait besoin de se confier.

– Ça a été très dur le premier mois. Très. Maintenant, elle
5 souffre moins. Mais tous les cheveux sont tombés. C'est la chimio…

Madame Maïté écouta sa vieille cliente, tantôt soupirant, tantôt hochant la tête. Peu à peu, la grand-mère s'écarta de son chagrin, sortit les photos des vacances, se mit à rire.

10 – Je devrais venir plus souvent, dit-elle en payant les deux shampooings-coupes*.

Quand les enfants furent partis, Louis lança à la cantonade :

– Bon, qu'est-ce que je vous prends ?

Garance se sentit des envies de meurtre. Mais cette fois-ci,
15 Louis avait compris. La parka sur l'épaule, il se tourna vers l'apprentie :

– Tu viens ?

Garance regarda du côté de Maïté :

– Je sais pas si je peux…

20 La patronne lui donna la permission d'une voix qui se voulait sévère.

– Allez-y tous les deux. Mais ne traînez pas.

Par la vitrine du salon, elle les vit qui s'éloignaient côte à côte vers la rue de la République. Puis son regard croisa celui de Fifi
25 dans le miroir* et ils échangèrent un demi-sourire.

– Pff, c'est le bagne, ce salon, se lamenta Garance dès qu'ils eurent tourné le coin de la rue. On peut même pas fumer une clope.

Elle sortit son paquet et le tendit à Louis. Il fit « non » de la
30 tête.

---

1 **lâcher** qc ≠ tenir qc – 3 **se confier** faire des confidences – 5 **souffrir** avoir mal – 6 **une chimio** une chimiothérapie – 7 **tantôt** parfois – 8 °**hocher la tête** faire « oui » ou « non » de la tête – 8 **s'écarter de son chagrin** être moins triste – 12 **à la cantonade** en ne parlant à personne précisément – 14 **un meurtre** le fait de tuer volontairement qn – 22 **traîner** ≠ faire vite – 24 **croiser** rencontrer – 25 **échanger un sourire** se sourire l'un, l'autre – 26 **le bagne** fig un lieu où le travail est dur – 26 **se lamenter** se plaindre – 26 **dès que** sobald – 27 **un coin** Ecke – 28 **une clope** fam une cigarette

– T'as quel âge ?

Louis décida d'avancer d'une année le calendrier.

– Quinze. Et toi ?

– Dix-sept.

5 –Tu m'étonnes, fit Louis entre haut et bas.

– Ben, tu m'étonnes aussi. T'as quatorze ans. La patronne l'a dit hier, quand t'étais parti.

Louis ricana. Il s'était fait piéger, mais c'était de bonne guerre. Ils marchèrent un instant en silence, à demi hostiles, et 10 pourtant contents d'être ensemble.

– Ça te plaît, la coiffure ? s'informa Louis, déjà certain de la réponse.

– J'étais nulle en classe. Alors, les profs, ils m'ont dit de faire ça ou force de vente. J'aurais dû prendre la vente parce que ça, 15 ça prend trop la tête.

Puis elle ajouta innocemment :

– Ce que j'aime pas, en fait, c'est travailler.

Elle décida de changer de sujet :

– Qu'est-ce que tu penses de Clara ?

20 Louis ne sut quoi répondre. Clara, c'était Clara.

– Elle est bizarre, enchaîna Garance. Et faut voir le petit copain qu'elle se paye. Il met les chaussettes par-dessus le jogging, tu sais, pour faire caillera, et puis…

– J'aime pas dire des trucs dans le dos des autres, 25 l'interrompit Louis.

Garance en resta bouche bée. Qu'est-ce qui lui restait si elle ne pouvait plus critiquer ?

L'après-midi eut du mal à démarrer. Il pleuvait et deux clients appelèrent pour se décommander. Il y eut un troisième 30 appel, mais sur le portable de Clara.

– Oui ?… Je t'ai dit de pas m'appeler sur mes heures de travail.

---

2 **avancer** *ici :* ajouter – 8 **se faire piéger** in die Falle gehen – 9 **hostile** ≠ ami –
15 **prendre la tête** *fam* énerver – 16 **innocemment** naïvement – 22 **se payer** *fam* avoir –
23 **une caillera** *verlan* une racaille (Abschaum) – 28 **démarrer** commencer – 29 **se décommander** annuler un rendez-vous

Clara répondait d'une voix étouffée. Elle monta à l'étage pour s'isoler. Mais Louis avait l'oreille fine. Il entendit encore :
– Non, pas ce soir. Et tes histoires, j'en ai assez.

Quand elle redescendit de la mezzanine, Clara avait le nez
5 qui luisait. Elle se repoudra, transformant ses derniers sanglots en reniflements.
– Vous avez pris froid ? s'inquiéta madame Maïté.
Fermez bien la porte d'entrée, Louis. Et venez chercher les Kleenex pour Clara !
10 Louis se fit la réflexion que la patronne ne se bougeait guère de son comptoir. « C'est un cul sans mains », aurait dit Bonne-Maman, qui n'aimait pas les fainéants.

Il y eut une éclaircie en fin d'après-midi et la porte ne cessa plus de carillonner. Madame Maïté avait pour principe de ne
15 jamais refuser un client, quitte à le faire patienter avec une tasse de café.
– Bonsoir, monsieur. Shampooing-coupe* ? On va s'occuper de vous.

Ludovic venait d'entrer. Le ton autoritaire de la patronne
20 ne lui permit pas de répliquer. Il avait terminé sa journée de stage à Radio Vibrations et était entré chez *Maïté Coiffure*, un peu par curiosité, un peu pour se moquer. Un stage dans la coiffure, c'était quand même la honte.
– Garance ! appela madame Maïté. Ah… elle est occupée.
25 La jeune apprentie était en train de shampouiner* une petite fille qui gémissait : « C'est trop froid, hou, ça brûle, aïe, ça pique, mais tu me tires ! »
– Louis ! Louis ! appela madame Maïté. Débarrassez monsieur.
30 Louis s'était avancé, l'air dégagé. Son sourire se figea quand il aperçut son copain de classe.

1 **étouffé** qui ne veut pas se faire entendre – 2 **avoir l'oreille fine** très bien entendre –
5 **luire** glänzen – 5 **se repoudrer** remettre de la poudre – 5 **un sanglot** Schluchzer –
6 **un reniflement** Schnüffeln – 10 **guère** peu – 11 **le cul** *vulg* le derrière – 12 **un fainéant**
une personne qui ne fait rien – 13 **une éclaircie** un moment où il ne pleut plus et où le
ciel devient plus clair – 15 **quitte à** + *inf* auch wenn – 27 **piquer** brûler – 27 **tirer** faire
mal – 28 **débarrasser qn** *ici :* prendre le manteaux de qn – 30 **dégagé** ≠ gêné – 30 **se figer** s'immobiliser

– Vous n'allez pas prendre racine ? le gronda la patronne.

Louis s'approcha de Ludovic, lui ôta sa parka, puis l'aida à enfiler une blouse et le conduisit vers les bacs. Tout le monde était occupé. Fifi jeta un coup d'œil sur le nouveau client :

5 – Shampooing-cheveux gras*. Bouteille verte, Louis.

Il n'était plus possible de reculer.

– Asseyez-vous, monsieur. C'est à la bonne hauteur ?

Ludovic essayait de rigoler, mais Louis restait sérieux.

– Vous me dites si c'est trop chaud.

10 Puis Louis se mit à shampouiner* son camarade en fredonnant comme le faisait Fifi. Si quelqu'un dans l'affaire devait être humilié, ce ne serait pas lui.

– Voilà, monsieur. Clara est à vous dans un instant.

Ce soir-là, quand il revint chez lui, le pas alourdi, Louis eut

15 l'impression d'avoir vécu plusieurs vies. Il en était tout étourdi. Comme d'habitude, Floriane fut la première à l'accueillir.

– Ouah, trop beau ! l'admira-t-elle.

Il l'attrapa à bras-le-corps et la serra contre lui, sans savoir pourquoi.

20 – Dis donc, tu m'aimes aujourd'hui, remarqua Floriane.

Elle s'éloigna en sautillant. C'était l'heure de *Charmed* à la télévision. Comme tous les soirs, Louis se laissa glisser sur la moquette, le dos appuyé au canapé. Il avisa les poupées étalées devant lui et s'empara de Raiponce.

25 Elle avait les cheveux déliés*. Il la tendit à sa petite sœur :

– Tu me montres comment on fait les tresses* ?

---

1 **prendre racine** rester sans bouger – 2 **ôter** *ici :* prendre – 6 **reculer** ≠ continuer –
11 **fredonner** chanter à voix basse sans articuler les mots – 12 **humilié** gedemütigt –
14 **alourdi** → lourd – 15 **étourdi** betäubt – 18 **attraper qn à bras-le-corps** prendre qn
dans ses bras – 21 **sautiller** hüpfen – 22 **se laisser glisser** s'asseoir – 23 **étalé** qui est
par terre – 24 **s'emparer de qc** prendre qc

4

Jeudi 23

Quand Louis se regarda le lendemain dans le miroir* de la salle
de bains, il ne restait plus de la jolie coiffure que quelques épis
5 sans malice. Louis se souvint qu'il avait reçu dans un magazine
un échantillon de gel coiffant*. Il alla le détacher de la page de
publicité et se refit un effet* saut du lit.

   – Mais tu deviens coquet, le taquina sa mère en le croisant
dans l'entrée. Il y a une demoiselle qui te plaît au salon ?
10 Louis eut un petit sourire de gêne. Pour la première fois,
il venait de remarquer que sa mère portait sur la tête une
choucroute jaunâtre assez attristante.

   – Je rentrerai tard, la prévint-il.

   Il avait l'intention de rester jusqu'à la fermeture. Il voulait
15 savoir où madame Maïté s'en allait le soir venu, pour chasser
cette idée saugrenue qu'elle dormait sous son comptoir.

   Le jeudi était habituellement un jour creux avant le coup de
feu du vendredi. Quand Louis entra, le salon était désert. Fifi
leva le pouce en l'air pour le féliciter de sa coiffure.
20 – Il faudra que j'en achète un, dit le garçon en montrant un
tube de gel coiffant*.

   – Servez-vous, lui offrit madame Maïté.

   C'était assez surprenant, car la patronne était près de ses
sous. Mais pour Louis, c'était gratuit. Garance était déjà arrivée
25 et soupirait en feuilletant un magazine. Elle aurait mieux fait
de rester couchée.

---

5 la malice Frechheit – **6 un échantillon** une petite quantité gratuite pour essayer un
produit – **6 détacher** prendre – **8 (être) coquet** faire attention à son look – **8 taquiner
qn** jdn aufziehen – **12 une choucroute** *ici :* eine dem Sauerkraut ähnliche Frisur –
12 attristant qui est triste à regarder – **13 prévenir** informer – **15 chasser** *ici :* faire
disparaître – **16 saugrenu** fou – **17 habituellement** généralement – **17 le coup de feu**
ici : Trubel – **19 un pouce** Daumen – **19 féliciter qn** faire un compliment à qn – **23 être
près de ses sous** aimer garder son argent

– Clara vous a dit quelque chose, hier soir ? s'informa madame Maïté.

Fifi secoua la tête et regarda sa montre. Clara n'était jamais en retard.

5 – Le tram marche mal ce matin, affirma Garance à tout hasard.

– Ne dis pas de sottises, la rabroua madame Maïté. Clara vient à pied.

À dix heures, la jeune femme n'était toujours pas là et le salon 10 commençait à s'activer. Louis se sentait inquiet et regardait souvent par la vitrine. Soudain, il l'aperçut qui traversait la rue, le visage enfoui dans un châle couleur fuchsia. Elle entra en coup de vent et courut vers le vestiaire. Louis interrogea madame Maïté du regard. Elle murmura :

15 – Allez voir.

Tout au fond du salon, Clara s'était effondrée sur l'épaule de Fifi. Louis s'approcha.

– Tiens, prends ça, dit Fifi en repoussant doucement sa camarade.

20 Il lui tendit sa boîte de fond de teint couvrant.

– Je te jure, tu en mets une bonne couche. On ne verra plus rien.

Clara releva la tête et Louis aperçut la marque qui lui bleuissait la pommette.

25 – Il veut m'obliger à… mais jamais… jamais, dit-elle, la voix hoquetante.

– Mais tu lui as dit ?

– Et pourquoi il m'a tapée, à ton idée ?

Elle prit le fond de teint et donna un bisou à Fifi.

30 – Merci.

Louis aurait voulu être à la place de Fifi. Il aurait voulu consoler Clara, la protéger. Il se sentait assez grand pour ça. Il revint à pas de loup vers madame Maïté.

---

7 **une sottise** une bêtise – 7 **rabrouer** gronder – 12 **enfoui** eingehüllt – 12 **un châle** Tuch – 18 **repousser qn** jdn zurückschieben – 20 **couvrant** qui cache – 24 **une pommette** Wangenknochen – 26 **hoquetant** sanglotant – 28 **taper** battre

– C'est quelqu'un qui l'a frappée, dit-il sans pouvoir mieux expliquer.

– Elle ne s'en sortira pas de cette histoire, marmonna la patronne pour elle-même.

5 Un quart d'heure plus tard, Clara était à son poste. Elle, si pâle d'ordinaire, avait l'air de revenir des Bahamas. Mais elle portait parfois la main à sa pommette en faisant une petite grimace.

Un peu avant midi, la porte du salon s'ouvrit sur une jeune
10 femme à la drôle de casquette.

– Mais il ne fallait pas, madame Meynier! protesta la patronne en l'apercevant. Clara serait passée chez vous.

– J'avais envie de sortir, répondit la cliente, qui avait le charme d'un Gavroche anorexique. Et puis, je sais que le jeudi,
15 c'est votre jour creux.

Quand elle ôta sa casquette, Louis étouffa un cri de surprise. Elle était chauve. Alors, il fit le rapprochement : Théo et Léa, la mamie, la chimio. Cancer. Ses yeux s'embuèrent. Clara fit asseoir madame Meynier pour les essayages de perruques. Au
20 début, elles parlèrent sérieusement couleur et entretien. Puis Fifi s'en mêla.

– Oh, celle-là, je l'adore! dit-il en attrapant une crinière de bouclettes* fauves longues et serrées.

Il s'en coiffa et répéta « j'adore » d'une voix pâmée. Puis il
25 prit le châle fuchsia de Clara et s'en drapa. Alors commença le plus grotesque des défilés de mode, Fifi essayant les perruques l'une après l'autre, transformant le châle en jupe, en sari, en tchador, en cape, et commentant le tout sur un ton prétentieux de chroniqueur mondain. Louis avait mal au ventre à force de

---

6 **pâle** sans couleur – 14 **anorexique** magersüchtig – 16 **ôter** enlever – 16 **étouffer un cri** éviter de crier – 17 **chauve** qui n'a pas de cheveux – 17 **faire le rapprochement** comprendre – 18 **le cancer** Krebs – 18 **s'embuer** se remplir de larmes – 20 **l'entretien** *m* Pflege – 21 **s'en mêler** intervenir – 24 **pâmé** joyeux – 26 **un défilé de mode** une présentation de la mode – 28 **prétentieux** ≠ modeste – 29 **un chroniqueur mondain** un journaliste snob – 29 **à force de rire** après beaucoup avoir ri

rire. Madame Maïté avait elle-même perdu toute dignité et riait aux éclats. Mais elle se ressaisit quand son jeune coiffeur ouvrit le bâton de rouge à lèvres de Clara et le rappela à l'ordre d'un simple :

5 – Allons, Philippe…

Madame Meynier repartit avec une perruque bien empaquetée, en s'essuyant les yeux. Tant elle avait ri.

Pendant l'après-midi, Clara proposa à Garance, qui devait sortir en boîte le soir, de lui faire des petites tresses* afro. Louis

10 se percha sur son tabouret à roulettes et regarda attentivement le tressage*. Puis il se mit à imiter les gestes de Clara dans le vide.

– Du monde pour vous, Clara ! appela madame Maïté.

La jeune femme dut abandonner Garance.

15 – Eh ! Mais t'en as pour longtemps ? s'affola l'apprentie.

Malheureusement, la cliente voulait une couleur assortie d'une coupe-brushing*. Garance contempla dans le miroir* sa chevelure* à demi tressée*.

– J'ai l'air de quoi, moi ?

20 Louis descendit de son tabouret.

– Tu veux que je termine ?

– Toi ? Mais ça va être trop l'horreur !

Louis rougit, mais ne se laissa pas désarçonner. Il prit une mèche* de cheveux et la tressa* comme il avait vu faire à

25 l'instant. Au bout de dix minutes, Fifi s'approcha, intrigué.

– Dis donc, tu te débrouilles… Vous avez vu, madame Maïté ?

Tout le monde y alla de son compliment. De toute sa scolarité, Louis n'en avait jamais autant récolté.

---

2 **rire aux éclats** schallend lachen – 2 **se ressaisir** sich wieder fangen – 3 **un bâton de rouge à lèvres** Lippenstift – 3 **rappeler qn à l'ordre** remettre qn à sa place – 7 **empaqueté** → un paquet – 7 **s'essuyer les yeux** sich die Augen wischen – 9 **une boîte** une discothèque – 10 **se percher** s'asseoir – 14 **abandonner** quitter – 15 **s'affoler** avoir peur, paniquer – 16 **assorti** avec – 17 **contempler qn** regarder qn avec attention – 23 **ne pas se laisser désarçonner** ≠ se laisser décourager – 25 **intrigué** intéressé – 29 **récolter** *fam* recevoir

– On fait quoi comme études pour devenir coiffeur ?
demanda Louis.

– Le CAP, c'est en trois ans, répondit Fifi.

– Après la troisième ?

5 – Oui, et après, tu as le brevet pro. Encore deux ans. Là, tu
peux ouvrir un salon, prendre des apprentis. Et après, tu
as encore deux ans pour le brevet de maîtrise. Là, c'est pour
enseigner.

– Tu veux que je te montre le genre de truc qu'on me fait faire
10 à l'école ? intervint Garance.

De son petit sac à dos, elle sortit un devoir tout froissé que
Louis parcourut du regard.

« Une cliente d'une trentaine d'années vous demande
une permanente* souple, sauf en nuque qu'elle désire
15 plus soutenue. Ses cheveux sont coupés en carré dégradé*
(longueur maximum 24 cm). Elle est éclaircie* avec un colorant
d'oxydation*.

1- Comment procédez-vous pour obtenir le résultat
demandé ?

20 2- Quel est le rôle du bigoudi* de permanente* dans le cas
présent ?

3- Nommez un sel réducteur dans une permanente* froide
alcaline. »

Les yeux de Louis s'agrandissaient au fur et à mesure qu'il
25 lisait. Il rendit le devoir à Garance (elle avait eu 7) en faisant
une grimace incertaine. La cliente de Clara était repartie. Dès
que l'activité du salon retombait, chacun sentait la force de
l'attraction terrestre, pieds de plomb, jambes lourdes. Fifi
alluma Radio Vibrations.

30 – Un tango, j'adore ! s'écria-t-il.

Il fit quelques pas de côté avec l'air dramatique du danseur
argentin.

---

5 **un brevet pro** (= professionnel) entspricht in etwa der Meisterprüfung – 7 **un brevet
de maîtrise** Meisterbrief – 8 **enseigner** apprendre – 11 **froissé** zerknittert – 14 **la nuque**
Nacken – 15 **soutenu** *ici :* mit mehr Halt – 24 **au fur et à mesure que** *ici :* je weiter –
28 **le plomb** Blei

– Tu danses ?

Il invitait Clara. La jeune femme eut un rire hésitant, mais l'accordéon lui déchirait les tripes. Elle s'accola à Fifi et fit trois pas glissés sur le côté, un bras tendu à l'horizontale et le port
5 altier. Comme elle était toujours juchée sur ses talons aiguilles, Fifi lui arrivait à la poitrine. Louis ne savait plus où poser le regard pour éviter ce spectacle ridicule, que lui renvoyaient tous les miroirs*.

– Tu danses ?
10 Garance s'offrait à lui.

– Non, non, je… je sais pas.

– Ça empêche pas, le rassura Garance.

Elle lui passait déjà le bras autour de la taille quand la porte se mit à sonner.
15 – Eh bien, y a de l'ambiance, fit une voix un peu inquiète.

– Fifi, baissez la radio ! cria la patronne.

D'un sourire, elle chercha à gagner l'indulgence de sa cliente :

– Ces jeunes… faut bien que ça s'amuse. Vous venez pour le
20 coup de peigne*, mademoiselle Rapoport ?

Au grand soulagement de Louis, Garance fut chargée de préparer le thé vanille pour la vieille demoiselle.

Puis, à dix-huit heures, madame Maïté lui permit de s'en aller. Fifi accompagna Garance jusqu'à la sortie en lui
25 chantant : « Ce soir, je serai la plus belle pour aller danser… » La petite apprentie s'était fait maquiller par Clara. Avec ses yeux fendus et ses joues pleines, son petit mufle buté et sa masse de cheveux tressés*, Garance partait allumer la nuit des banlieues orléanaises. Louis, un peu renfrogné, la regarda
30 par la vitrine en songeant au petit copain pour lequel il avait travaillé.

---

3 **déchirer les tripes** provoquer une émotion chez qn – 3 **s'accoler à qn** sich an jdn klammern – 4 **tendu** ausgestreckt – 4 **un port altier** un port (→ porter) fier – 6 **la poitrine** Brust – 12 **empêcher** rendre l'action impossible – 12 **rassurer qn** dire ou faire qc pour que qn retrouve son calme – 16 **baisser** ≠ monter – 17 **l'indulgence** f la patience – 21 **un soulagement** Erleichterung – 21 **être chargé de faire qc** devoir faire qc – 27 **fendu** *pour des yeux* long – 27 **le mufle** *pop* le nez – 27 **buté** hostile – 29 **orléanais** d'Orléans – 29 **renfrogné** ≠ aimable

– Vous pouvez rentrer aussi, Louis, proposa madame Maïté.
Il ne va plus se passer grand-chose, maintenant. Mais Louis
refusa. Tant pis pour *Charmed*. Il souhaitait faire la fermeture.

D'un commun accord, à 19 h 30, on décida de fermer le
5 salon. Louis alla chercher les manteaux au vestiaire. Quand il
revint les bras chargés, il faillit tout lâcher sur le carrelage. Fifi
manœuvrait le fauteuil de madame Maïté. C'était un fauteuil
roulant qui restait tout le jour bien encastré dans le comptoir.
Clara tira une portière en tissu qui dissimulait une ouverture
10 dans le mur. Madame Maïté habitait la maison qui jouxtait le
salon.

– Qu'est-ce qui vous arrive, Louis ? demanda la patronne.
Le garçon la regardait avec des yeux épouvantés.

– Vous n'étiez pas au courant ?
15 – Non… je… non.

– Accident de voiture, dit-elle sèchement. Bonne nuit, Louis.
N'oubliez pas le gel coiffant*.

Fifi reconduisit Louis jusque chez lui, rue de Bourgogne.

Il avait envie de parler de madame Maïté. Les faits
20 remontaient à une dizaine d'années. Madame Maïté tenait
alors un salon plus modeste à Saint-Jean-de-Braye, dans la
banlieue d'Orléans. L'accident de voiture lui avait tout pris,
ses jambes, son fils, son mari. L'argent de l'assurance lui avait
permis d'acheter ce salon en centre-ville et la maison d'à côté.
25 Tous les matins, Térésa, la femme de ménage, venait s'occuper
d'elle et l'installer derrière son comptoir. Le soir, Fifi ou Clara
faisaient la manœuvre inverse. Jamais madame Maïté ne
parlait de son accident. Elle professait que le malheur fait fuir
la clientèle. Fifi laissa Louis devant sa porte cochère. Le garçon
30 grimpa les étages quatre à quatre, laissant s'entrechoquer dans

---

6 **faillir faire qc** fast etw tun – 6 **lâcher** laisser tomber – 8 **encastré dans qc** *ici :* dicht an
etw herangeschoben – 9 **un tissu** Stoff – 9 **dissimuler** cacher – 10 **jouxter** être à côté
de – 13 **épouvanté** effrayé – 14 **être au courant** savoir – 20 **remonter** *ici :* se passer –
21 **modeste** petit ≠ luxueux – 23 **une assurance** Versicherung – 27 **inverse** umgekehrt –
28 **professer** dire – 29 **une porte cochère** Toreinfahrt – 30 **s'entrechoquer** se bousculer

sa tête Clara et son coquard, madame Maïté et son fauteuil roulant, Garance et le tango argentin. Heureux, malheureux, il ne savait plus. Fourbu.

Ce soir-là, il montra à Floriane comment faire des tresses* afro à Barbie Raiponce.

---

1 **un coquard** *fam* un œil tout bleu – 3 **fourbu** très fatigué

5

Vendredi 24

Le quatrième jour de son stage, Louis s'aperçut qu'il avait encore beaucoup de choses à apprendre de la vie.

5 – On a un mariage aujourd'hui, lui annonça madame Maïté avec une certaine satisfaction.

– Qui ? fit Louis en songeant à Clara.

– La mariée et la belle-mère. Heureusement, pas en même temps.

10 Louis ne comprit pas l'allusion et alla se mettre en tenue. Il avait hâte de revoir Garance. Bien sûr, elle arriva en retard et marchant au radar.

– Ne me parle pas du fonctionnement du tramway, anticipa madame Maïté.

15 Garance se mordilla les lèvres pour ne pas rigoler et rejoignit Louis au vestiaire.

– Alors, c'était bien ? lui demanda-t-il.

– Super, répondit-elle machinalement. Enfin, non, horrible.

– Ah bon ? Qu'est-ce qui s'est passé ?

20 – Rien. C'est juste mon copain qui a eu la bonne idée de se défoncer à la vodka. Après, y a mon ex qui s'est pointé. Ils se sont battus et il a eu l'arcade sourcilière ouverte.

– Le… lequel des deux ?

Garance eut une mimique excédée :

25 – Mais mon copain ! Ça pissait le sang. J'en ai eu sur mon haut tout neuf. Après, il a gerbé partout… Et toi, c'était bien, ta soirée ?

---

8 **une belle-mère** *ici :* la mère du mari – 11 **avoir hâte** vouloir faire qc très vite – 12 **marcher au radar** marcher sans voir où on va – 13 **anticiper** dire – 15 **se mordiller les lèvres** sich auf die Lippen beißen – 20 **se défoncer à la vodka** boire trop de vodka – 21 **se pointer** arriver – 22 **l'arcade sourcilière** Augenbraue – 24 **excédé** en colère – 25 **ça pisse le sang** *fam* il y a du sang partout – 26 **gerber** *fam* kotzen

Louis la récapitula en lui-même : il avait dîné en famille, il s'était douché, brossé les dents, il avait lu la moitié d'un *Spirou* et éteint à 22 h 15.

– Tranquille.

5 – T'as déjà embrassé une fille ? lui demanda Garance à brûle-pourpoint.

– Non.

Louis n'eut pas le temps de regretter son aveu. Garance l'embrassait déjà. Il eut un geste malheureux.

10 Il la repoussa.

– T'aimes pas les filles ou quoi ?

– Hein ? Mais si ! s'affola Louis.

Il était au bord des larmes. Garance eut un sourire attendri.

– T'es trop, toi.

15 La belle-mère, madame Baradon, se pointa à onze heures.

– Bon, juste une couleur pour cacher les cheveux blancs, dit-elle à Clara. C'est pas moi qui *se marie !* À quelle heure qu'elle vous a dit qu'elle venait, ma belle-fille ?

– Quatorze heures ! cria madame Maïté depuis son

20 comptoir.

– Ben, ça m'étonnerait qu'elle *soye* à l'heure parce qu'elle a l'esthéticienne et la manucure avant. C'est le ravalement complet. Vous savez pas qu'elle a le culot de dire qu'elle a trente-deux ans ? Trente-deux ans !

25 Madame Baradon s'esclaffa.

– J'ai vu les papiers pour la mairie. Quarante et un que ça lui fait ! Hein, c'était temps qu'elle *s'arrange les voitures !*

Louis avait comme une envie de se boucher les oreilles. Mais Fifi était aux anges.

30 – Moi, suggéra-t-il, ça m'étonnerait pas que votre belle-fille se *soye* fait un lifting.

---

1 **récapituler** résumer – 2 *Spirou* une série de bandes dessinées – 5 **à brûle-pourpoint** brusquement – 8 **un aveu** Eingeständnis – 13 **attendri** ému – 22 **un ravalement** *ici :* une mise en beauté – 23 **le culot** *fam* Dreistigkeit – 25 **s'esclaffer** *fam* rire fort – 27 **s'arranger les voitures** *fam* unter die Haube kommen – 28 **se boucher les oreilles** ne pas écouter – 29 **être aux anges** *ici :* s'amuser beaucoup – 30 **suggérer** dire

Un éclair de triomphe passa dans les yeux de la belle-mère.

– Vous avez vu comment c'est tiré en haut des joues ? C'est pas naturel.

La future épousée arriva après que la belle-mère eut
5   abandonné le terrain.

– Alors, prête pour le grand jour ? demanda Clara.

– Oh, je ne stresse pas, ma belle-mère s'occupe de tout. Elle m'a dit de ne penser qu'à me faire belle !

– C'est agréable, une belle-mère comme ça, fit semblant de
10   s'extasier Fifi.

– Oui, j'ai de la chance, admit la cliente. Pas trop de frisettes*, Fifi, ça me vieillit…

En fin d'après-midi, Fifi reconduisit la future jusqu'à la sortie. Il agita la porte pour la faire carillonner comme les
15   cloches de la noce.

– Et en route pour le grand bonheur ! lança-t-il gaiement.

– Ne vous moquez pas de ce que vous ne comprenez pas, le gronda madame Maïté.

Finalement, la clientèle ne se bousculait pas en ce vendredi
20   après-midi.

– Ça sent la fin de mois, commenta la patronne, un peu contrariée.

Puis elle se lança dans des jérémiades sur les charges qu'elle avait et que ça ne devenait plus possible et qu'elle finirait par
25   fermer. Louis l'écoutait avec une certaine inquiétude. Mais il s'aperçut bientôt que les autres s'en fichaient complètement. Garance somnolait, le dos contre le mur, et Fifi fredonnait en nettoyant ses brosses*. Clara monta à la mezzanine se refaire une beauté.

30   – Alors, qui vient avec moi ce soir pour le défilé ? lança soudain Fifi.

---

2 **une joue** Wange – 4 **une future épousée** zukünftige Ehefrau – 14 **agiter** faire bouger – 15 **une noce** un mariage – 22 **contrarié** qui n'est pas content – 23 **se lancer dans des jérémiades** commencer à se plaindre – 23 **les charges** *fpl* Abgaben – 26 **se ficher de qc** *fam* se moquer de qc – 27 **somnoler** dormir à moitié

Il y eut un silence.

– Répondez pas tous à la fois, dit Fifi, vexé.

– C'est quoi ? demanda Louis.

– C'est mon copain, Manfred. Il a créé des vêtements et
5 moi, je coiffe* les mannequins. On nous prête une salle à
l'Impromptu. Tu veux venir ?

Louis n'en voyait pas trop l'intérêt, mais il souhaitait faire
plaisir au jeune coiffeur.

– Ouais, O.K., faut juste que je demande…
10 Louis allait ajouter « à mes parents », mais c'était son
problème, pas celui de Fifi. Il abrégea :

– Donne-moi l'adresse. J'irai direct.

– 20 rue du Bourdon-Bl… qu'est-ce que c'est que ça ?

La porte venait de s'ouvrir brutalement. Et tout bascula.
15 Comme si Louis traversait le décor et se trouvait jeté dans la
vie. Un type entra.

– Elle est là, l'autre ? dit-il à la patronne.

C'était une espèce de beau mec avec des piercings aux
oreilles et un jogging jaune poussin.
20 – De qui voulez-vous parler ? répondit madame Maïté, très
sèche.

– Clara ! brailla le type, en regardant vers la mezzanine. Tu
descends ou je casse tout !

Louis eut l'impression de se prendre une décharge électrique.
25 Ce type, c'était celui qui avait frappé Clara. Sans être conscient
de ce qu'il faisait, Louis monta sur la première marche de
l'escalier et étendit les bras pour barrer le passage.

– Toi, je vais te péta, dit le voyou, qui faisait bien vingt
centimètres de plus que lui. Allez, bouge !
30 – J'appelle la police ! s'écria madame Maïté.

– Toi, si tu fais ça, je fous le feu à ton fauteuil !

---

11 **abréger** ne pas donner d'autres explications – 14 **basculer** *ici :* changer tout à
coup – 18 **une espèce de** eine Art von – 19 **un poussin** Küken – 22 **brailler** *fam* crier très
fort – 24 **se prendre une décharge électrique** prendre le *courant* (Strom) – 25 **frapper**
battre – 25 **sans être conscient** sans s'apercevoir – 27 **étendre** ausstrecken – 27 **barrer**
fermer – 28 **péta** *verlan* taper – 28 **un voyou** Rowdy – 31 **foutre** *arg ici :* mettre

Fifi, surmontant sa terreur, se rapprocha de Louis. Il se mit sur la même marche. Garance sortit du vestiaire, où elle s'était cachée dans sa grande habitude des bastons du samedi soir. Elle chercha des yeux un projectile.

5 – Descends ! hurla le type en s'avançant vers l'escalier.

Madame Maïté avait décroché son téléphone.

– Allô, le commissariat ?

Au même moment, une bombe de laque* traversa le salon et heurta le type à l'épaule. Garance, après cet exploit, poussa 10 un petit cri de souris apeurée et retourna se cacher dans le vestiaire. Histoire de laisser un souvenir, le voyou attrapa un tabouret et le lança dans la vitrine des shampooings*. Puis il jeta un regard de fou à Fifi :

– Toi, la gonzesse, je te retrouverai !

15 Et il sortit en donnant un coup de pied dans la porte vitrée. Fifi dut s'agripper à la rambarde de l'escalier tant ses jambes fléchissaient.

– Oh, mon Dieu, mon Dieu, gémit madame Maïté.

Elle avait rapidement fait le compte de tout ce qui venait 20 d'être cassé. Louis monta à l'étage.

– Il est parti !

La terreur agrandissait les yeux de Clara. Louis eut envie de lui dire : « Je t'ai protégée, je te protégerai. » Il répéta :

– Il est parti.

25 Clara descendit l'escalier et posa une main sur l'épaule de Fifi :

– Merci.

Louis se sentit le cœur gros. C'était lui, le vrai héros. Clara s'approcha du comptoir.

30 – Je rembourserai. Mais je veux rester ici. C'est fini. Je le verrai plus. Je vous le promets. Vous… vous me garderez ?

---

1 **surmonter** überwinden – 3 **une baston** *fam* Prügelei – 6 **décrocher** *ici :* prendre – 9 **heurter** toucher – 9 **un exploit** une action courageuse – 14 **une gonzesse** *fam* une femme – 16 **s'agripper à qc** se tenir fermement à qc – 17 **fléchir** devenir faible – 30 **rembourser** *ici :* payer pour ce qui a été cassé

– Et où veux-tu aller d'autre ? lui répondit la patronne, le ton bourru. Là ?

Elle lui montra la rue.

– Et toi, bourrique, dit-elle en se tournant vers Garance, tu comprends pourquoi il faut avoir un métier et pas rater son tram, tous les matins ? Gagner sa vie, c'est garder sa dignité. La leçon de morale fit du bien à tout le monde. Fifi alluma Radio Vibrations.

– Au boulot, les gars !

En une demi-heure, tout était nettoyé. Louis et Garance repartirent ensemble par les rues froides.

– C'était chaud, hein, ce soir ?

– Ouais.

Leurs mains se frôlaient. Garance finit par happer celle de Louis. Puis la relâcha cinq pas plus loin.

– Au revoir.

– Au revoir.

---

2 **bourru** brusque – 4 **une bourrique** *fam* une personne stupide – 14 **se frôler** se toucher – 14 **happer** prendre

6

Le défilé de mode

– Au cinéma avec Ludovic ? répéta madame Feyrières.
Louis avait décidé de faire simple.
5   – Vous allez voir quoi ? questionna Floriane, envieuse.
– *James Bond.*
Madame Feyrières fit toutes les recommandations d'usage,
n'oublie pas ton portable, donne ton blouson si on t'agresse
et rentrez bien ensemble, tous les deux. Louis répliquait
10 alternativement : « t'inquiète » et « c'est bon ».
Il eut un peu de mal à trouver l'entrée de l'Impromptu au
fond d'une cour, rue du Bourdon-Blanc. Un pianiste mettait
l'ambiance dans la salle de spectacle et les gens se regroupaient
par coteries, les amis de Manfred, les amis de Fifi et les copines
15 des mannequins. Louis, tout seul de son espèce, se demandait
de plus en plus ce qu'il était venu faire là.
Puis les lumières s'éteignirent et le défilé commença sur
une bande-son planante. Des mannequins blêmes, aux yeux
pochés, sortirent une à une de leur tanière et firent tanguer
20 sur l'estrade leurs longs corps osseux. Elles semblaient avoir
été coiffées* par un psychopathe, franges* tailladées au cutter
ou mèches* se dressant comme des serpents sur la tête. Louis
se recula au fond de sa chaise, mal à l'aise. Pour lui, un défilé
de mode, c'était une ronde de Barbie Raiponce, blondes,
25 roses et satinées. Les mannequins étaient vêtues de matériaux
de récupération, carton, plastique, papier kraft ou alu, et

---

7 **une recommandation** *ici :* Ermahnung – 7 **d'usage** normal – 13 **se regrouper** →
groupe – 14 **une coterie** une bande – 18 **planant** agréable – 18 **aux yeux pochés** mit
Tränensäcken unter den Augen – 19 **une tanière** une cachette – 19 **faire tanguer** faire
balance – 20 **une estrade** *ici :* Laufsteg – 20 **osseux** → un os – 21 **tailladé** coupé – 21 **un
cutter** *anglais* un instrument pour couper le papier/ carton – 23 **se reculer** ≠ s'avancer –
23 **se sentir mal à l'aise** ≠ se sentir bien – 25 **satiné** comme du satin – 25 **les matériaux**
mpl **de récupération** Recyclingmaterialien – 26 **le papier kraft** le papier solide pour
envelopper des paquets

marquées de sombres tatouages sur leur peau mise à nue.
Elles furent bientôt une dizaine sur l'estrade à s'affronter du
corps et du regard dans un ballet presque animal. Et soudain,
le cœur de Louis s'emballa. Les lumières et les sons, les formes
5 et les matières prenaient sens sous ses yeux. Il ne voyait plus
comme au début des morceaux de carton agrafés ou un rideau
de douche déchiré en lambeaux. Il voyait des magiciennes
et des prêtresses, des apparitions de l'au-delà, des femmes-
songes et des filles ensorcelées. Manfred et Fifi les avaient fait
10 sortir de leur forêt. Et c'était beau. À la fin du défilé, le créateur
vint saluer l'assistance au milieu de ses modèles. C'était un
jeune homme longiligne et désenchanté, la blondeur artiste et
les yeux absents. Il fit signe à Fifi de venir le rejoindre, mais le
jeune coiffeur refusa d'un signe de la main.
15 Lorsqu'il s'éloigna vers la coulisse, Manfred dut s'appuyer
sur un des mannequins pour marcher. Fifi reconduisit Louis
rue de Bourgogne. Ils ne dirent pas un mot du défilé. Rien sur
Manfred. Fifi était discret. Louis aussi. Ils parlèrent de football.
Quand Louis entra chez lui, son père était déjà au lit, mais sa
20 mère semblait l'attendre au salon.
    – Ludovic a appelé, dit-elle.
    – Ah oui ?
Louis comprit pourquoi sa mère était restée au salon et il
rougit.
25 – Où tu étais ?
    – Au cinéma, s'entêta Louis.
    – Avec qui ?
    – Avec… avec Fifi.
    – Fifi ? C'est qui, ça ?
30 Louis avala une goulée d'air.

---

2 **s'affronter** se combattre – 4 **s'emballer** s'enthousiasmer – 6 **un morceau** une partie –
6 **agrafé** zusammengeheftet – 6 **un rideau de douche** Duschvorhang – 7 **déchirer**
zerreißen – 7 **un lambeau** Fetzen – 7 **une magicienne** une personne qui semble avoir
une force magique – 8 **une prêtresse** Oberpriesterin – 8 **l'au-delà** *m* das Jenseits –
9 **ensorcelé** verzaubert – 11 **l'assistance** *f* le public – 12 **longiligne** aux bras et aux
jambes longs – 12 **désenchanté** qui n'a plus d'illusions – 26 **s'entêter** beharren – 30 **une**
goulée Schluck

– C'est l'apprentie.

Il fut content de sa trouvaille.

– Pas Clara, la coiffeuse. L'apprentie. De son vrai nom, c'est Philippine. Mais ça fait un peu prétentieux. Alors tout le
5 monde dit Fifi.

Bizarre. Quand il mentait, il trouvait ses mots plus facilement. Sa mère le regarda à la dérobée, un peu gênée par ce petit garçon qui devenait subitement grand. Avec des prénoms de fille dans la bouche.

10 – Tu aurais pu me le dire, j'aurais eu l'air moins bête avec les Janson, tout à l'heure.

Elle avait envie de poser les questions d'usage : elle a quel âge, elle est jolie, elle te plaît ? Louis prit les devants :

– Bon, je vais me coucher. Je travaille demain.

15 Il s'éloigna.

– Louis !

Madame Feyrières avait presque crié.

– Tu… tu fais attention, au moins ?

– T'inquiète.

---

2 **une trouvaille** *ici :* une bonne idée – 4 **prétentieux** arrogant – 7 **à la dérobée** en cachette – 8 **subitement** tout à coup – 13 **prendre les devants** *mpl* jdm zuvorkommen

7

Samedi 25

Louis était levé, lavé, coiffé* de plus en plus tôt. Il affrontait son dernier jour de stage comme si c'était le premier de sa
5 carrière. Il était excité à l'idée de retrouver la promiscuité avec Garance, les drames de Clara, les vannes de Fifi, et les odeurs du salon, le bruit du carillon, celui du tiroir-caisse, les yeux qui se croisaient dans les miroirs* et le sourire des clientes quand elles se découvraient métamorphosées.
10 – Mais où est-ce qu'il va comme ça, un samedi ? s'étonna monsieur Feyrières en entendant la cavalcade de Louis dans l'escalier.
– Son stage, répondit sa femme.
– C'est pas encore fini, ce machin ?
15 Madame Feyrières hésita un instant. Devait-elle parler de « Fifi » à son mari ?
– Ta mère a eu une drôle d'idée, reprit monsieur Feyrières. Un salon de coiffure, question moralité, on peut trouver mieux.
20 Madame Feyrières laissa échapper un soupir. Ouf, elle n'avait pas parlé de l'apprentie.
Il n'était pas neuf heures quand Louis arriva rue de la Cerche. Il s'approcha de la vitrine et aperçut madame Maïté à son comptoir, en conversation avec la femme de ménage. Il eut
25 envie de toquer à la porte pour dire bonjour. Mais la patronne l'intimidait. D'ailleurs, elle était très occupée à fouiller dans son portefeuille, sans doute pour régler ce qu'elle devait à Térésa. Ce fut la femme de ménage qui aperçut le garçon. Elle le désigna de la main à madame Maïté, puis vint lui ouvrir.

---

3 **affronter** *ici* : commencer – 5 **la promiscuité** quand on est proche de qn – 6 **une vanne** une blague – 6 **une odeur** Geruch – 11 **une cavalcade** une course rapide – 17 **reprendre (la parole)** continuer à parler – 20 **laisser échapper un soupir** soupirer – 25 **toquer** frapper – 26 **intimider** → timide – 27 **régler** payer

– En voilà un qui est à l'heure, l'accueillit la patronne.

Le salon parut gris et froid à Louis, les odeurs des shampooings* répandus la veille avaient tourné, madame Maïté avait vieilli. Sur le comptoir, il y avait une photo que la 5 patronne venait de sortir de son portefeuille. La photo d'un adolescent.

– Eh oui, dit Térésa, les mains calées dans ses reins, chacun a ses malheurs.

Elle soupira puis s'éloigna en traînant ses charentaises.

10 – Je vais faire les vécés.

D'un mouvement tremblant, madame Maïté reprit la photo et la rangea dans son portefeuille.

– Le malheur, ça se partage pas, dit-elle à mi-voix, comme si elle se reprochait d'avoir sorti la photo de son fils.

15 Elle avisa Louis et lui ordonna sèchement :

– Rangez donc les magazines qui traînent. Il y a toujours quelque chose à faire quand on veut se rendre utile.

– C'est clair, approuva le garçon.

Madame Maïté haussa les sourcils. Louis la surprenait. 20 Finalement, il était serviable, dégourdi et tranquille. Fifi prétendait qu'il était doué pour la coiffure. Pourquoi pas ? Madame Maïté le suivit un instant du regard.

– Vous aimez l'école, Louis ?

Il était en train de ramasser un *Figaro madame* glissé sous 25 un fauteuil. Il se redressa.

– Non.

Il chercha comment adoucir sa réponse, mais il ne trouva pas. C'était non.

Vers onze heures, Louis eut une jolie surprise. Bonne-Maman 30 entra au salon. Elle avait rendez-vous avec Clara.

– Vestiaire, Louis, plaisanta madame Maïté.

---

3 **répandre** mettre partout – 3 **tourner** ne plus être bon – 7 **calé** posé – 9 **les charentaises** *fpl* les pantoufles – 20 **serviable** hilfsbereit – 20 **dégourdi** *ici :* aufgeweckt – 21 **doué** avec du talent – 27 **adoucir** abschwächen

Mais le garçon prit la chose au sérieux. Il débarrassa sa grand-mère et lui passa la blouse. Puis il demanda la permission de faire le shampooing*. Quand Bonne-Maman fut installée, Louis se pencha au-dessus du bac et lui chuchota :

5 – Tu le savais que madame Maïté est dans un fauteuil roulant ?

Aux yeux que Bonne-Maman ouvrit, Louis devina qu'il lui avait appris quelque chose. Il eut un petit rire.

Quand Clara commença la mise en plis*, Louis s'assit sur le
10 tabouret.

– Tu ne t'es pas trop ennuyé ici ? demanda Bonne-Maman.

Louis avait tant à dire qu'il ne savait par quoi commencer.

– Plus qu'un jour à tenir, ajouta Bonne-Maman. Après, t'auras les vacances pour te reposer.

15 Oui, plus qu'un jour. C'était urgent de parler. Parle, Louis. Maintenant.

– Ça me plaît, dit-il.

– Quoi donc, mon chéri ?

– Ici.

20 – Il y a une bonne ambiance, hein ?

– Non. Enfin si, gémit Louis. Mais c'est pas ça… Je veux dire… La coiffure. Il paraît que c'est pas des études si faciles. Il y a le CAP et le brevet professionnel après. Fifi m'a expliqué.

Louis faisait craquer ses doigts tout en parlant. Bonne-
25 Maman écoutait, hésitant à comprendre.

– Tu veux dire que ça t'intéresserait de… Tu voudrais faire coiffure ?

– Je vous laisse deux minutes, chuchota Clara. Une tasse de thé ?

30 Bonne-Maman accepta et toussota pour meubler le silence qui s'installait. Louis gardait la tête baissée. Il fallait l'aider. L'aider à parler.

– Tu sais, moi, j'ai été très heureuse à la boulangerie.

13 **tenir** *ici* : durchhalten – 14 **se reposer** se relaxer – 21 **gémir** balbutier – 30 **toussoter** hüsteln – 30 **meubler** *ici :* remplir – 31 **baissé** ≠ levé

Louis rejeta brusquement la tête :

– C'est les ratés qui font coiffure !

– Mais non, Louis, c'est ceux qui aiment ça.

– C'est un travail manuel.

5 – Mais ça veut dire quoi, ça, « travail manuel » ? se révolta Bonne-Maman. Un chirurgien, c'est un travailleur manuel, et un sculpteur et un dentiste, avec quoi, ils travaillent ?

Louis cessa d'écraser ses phalanges.

– Je veux faire quelque chose avec mes mains.

10 Il sourit à son reflet dans le miroir*. Voilà, il l'avait dit.

– Votre thé !

Clara posa la tasse devant sa cliente et ajouta :

– Excuse-moi, Louis, je crois qu'on a besoin de toi.

– Va, mon grand, lui dit Bonne-Maman. Et toi, si tu as besoin

15 de moi, tu sais où me trouver…

Le samedi passa vite, si vite. Louis aurait voulu retenir le temps. Il n'en pouvait plus de fatigue, la semaine avait été trop rude pour ses quatorze ans. Mais chaque heure qui passait l'éloignait un peu plus de *Maïté Coiffure*. Déjà, il lui semblait

20 devenir étranger aux autres. Clara et Fifi faisaient des signes dans son dos. Garance ne l'avait pas attendu pour faire les courses à midi. Mardi prochain, ils l'auraient oublié. « Chacun a ses malheurs », et Louis voyait devant lui une infinité de jours grisâtres, entre bahut et maison.

25 À vingt heures quinze, ce fut la fermeture. Louis alla chercher les manteaux. Dernier rituel du dernier jour.

– C'est bien, Louis. Posez tout ça.

Ils étaient là tous les quatre, lui barrant presque la sortie, Clara, Fifi, Garance et madame Maïté dans son fauteuil

30 roulant.

– On a quelque chose pour toi, dit Clara.

---

2 **un raté** qn qui n'a pas de succès – 7 **un sculpteur** Bildhauer – 7 **un dentiste** le médecin qui soigne les dents – 8 **écraser ses phalanges** faire craquer ses doigts – 18 **rude** dur – 23 **une infinité** une grande quantité

Garance s'approcha de Louis et lui tendit un paquet enrubanné*. Louis se sentit rougir jusqu'aux yeux. Il ouvrit le paquet.

– Des ciseaux*!

5 Les mêmes que les ciseaux* voltigeurs de Fifi. Louis les fit claquer deux fois.

– Passe, dit Fifi. Je vais te montrer comment font les hommes, les vrais.

Il attrapa sa propre paire de ciseaux* et ceux qu'on venait
10 d'offrir à Louis. Il les fit virevolter autour de ses index, les croisa sous le nez de Garance, tira* sur madame Maïté, pan, pan, et fit semblant de les rengainer* comme deux revolvers. Enfin, il tendit l'une des paires à Louis. Mais, cette fois, c'étaient ses ciseaux*. Louis et Fifi échangèrent un sourire de connivence*.

15 – Bon… Je vous fais la bise ?

Louis embrassa tout le monde et Garance en dernier. Pas sur les joues, pas sur les lèvres, mais au coin de la bouche.

– Tchô, ce dragueur*, se moqua Fifi en lui donnant une tape sur le crâne*.

20 Ils étaient tous à deux doigts de pleurer. Louis s'était fait sa place à *Maïté coiffure*. Il allait manquer.

– Eh bien, j'y vais, murmura Louis. Je passerai vous montrer mon rapport* de stage…

Il posa la main sur la poignée* de la porte. Parle, Louis.
25 Maintenant.

– Peut-être je pourrais venir aider le mercredi ? dit-il en regardant vers la rue.

– Ah oui, super, approuva Garance. On partagera les pourboires*.

30 Le carillon se mit à grelotter*. Louis se retourna vers madame Maïté.

---

2 **enrubanné** entouré d'un *ruban* (Band) – 7 **passer** *ici :* donner – 11 **tirer** schießen – 12 **rengainer** wieder in die Scheide stecken – 14 **la connivence** la complicité – 18 **un dragueur** → draguer – 19 **le crâne** *ici :* la tête – 23 **un rapport** un texte dans lequel on raconte ce qu'on a fait – 24 **une poignée** Türklinke – 29 **un pourboire** de l'argent que l'on laisse au personnel pour le service – 30 **grelotter** *ici :* sonner

– Peut-être je pourrais venir aussi le samedi ?

– Tu reviens quand tu veux, lui dit la patronne.

Et soudain, les larmes débordèrent de ses yeux. Louis détourna le regard. Il ouvrit la porte en grand et partit en 5 courant. Amoureux. Il était amoureux. De Garance, Clara, Fifi et madame Maïté. Amoureux de *Maïté Coiffure*. Il se répétait : « Tu reviens quand tu veux », « tu reviens quand tu veux », et le « tu » chantait dans sa tête.

Ce soir-là, à table, madame Feyrières demanda à son fils 10 comment son stage s'était terminé.

– Bien, dit-il.

Puis ses yeux se posèrent sur les cheveux de sa mère et il n'y tint plus :

– Tu devrais te faire un balayage* mèches-foncées, mèches-15 claires. Look surfeur* un peu. Avec une frange déstructurée*.

Monsieur Feyrières eut l'impression que le plafonnier lui tombait sur la tête.

– Louis, maintenant, il sait plein de trucs, remarqua Floriane.

20 – Plein de trucs qui ne servent à rien, se ressaisit monsieur Feyrières. « Look surfeur* », c'est du français, ça ?

Louis regarda douloureusement son père. C'était comme si on lui enfonçait un clou dans le cœur.

---

3 **déborder des yeux** couler – 4 **détourner le regard** regarder dans une autre direction – 16 **un plafonnier** Deckenleuchte – 23 **enfoncer un clou** einen Nagel einschlagen

8

Toussaint

Tous les mercredis, Louis faisait du tennis avec Ludovic, et
Floriane du poney avec Mélissa. Louis avait demandé à faire
5 du taekwondo et sa sœur du rock acrobatique, mais monsieur
Feyrières avait dit : « C'est n'importe quoi. » Par un surcroît
de calamité, le club de tennis proposait des stages pendant
les petites vacances scolaires et Louis y était inscrit. Il pensa
d'abord à se tordre la cheville dans l'escalier. Puis à prétendre
10 qu'il devait lire *Les Misérables* pour la rentrée. Finalement, le
lundi soir, après la première journée de stage, il opta pour :

– Y a du racket dans les vestiaires.

Madame Feyrières paniqua. Elle allait appeler le directeur
du club et prévenir les Janson.

15 – Mais c'est bon, coupa Louis.

Il s'éloigna, le dos rond, découragé. Puis il revint sur ses pas :

– Je veux pas y aller, mercredi.

– Ils t'ont dit qu'ils t'attendraient ? Louis, il faut les dénoncer.
Le racket, c'est dangereux parce qu'on se tait.

20 – Mais ça va, s'impatienta Louis. J'ai juste envie de voir ma
copine.

Il avait lâché le mot au hasard.

– Ta copine ? Ah, oui, l'apprentie. Tu… tu la vois encore ?
C'est comment déjà, son petit nom ?

25 – Fifi.

– Et qu'est-ce que… qu'est-ce que vous voulez faire
mercredi ?

Madame Feyrières avait pris un ton enjoué.

---

2 **Toussaint** Allerheiligen – 6 **un surcroît de** zusätzlich – 7 **une calamité** une
catastrophe – 8 **être inscrit** être sur la liste pour participer – 9 **se tordre la cheville** sich
den Knöchel verrenken – 10 *Les Misérables* un roman de Victor Hugo – 11 **opter pour**
choisir – 19 **se taire** ne rien dire – 20 **s'impatienter** ≠ rester calme – 22 **lâcher** *ici* : dire –
28 **enjoué** ≠ triste

– Voir un film.

Cette fois-ci, sa mère voulut montrer qu'elle n'était pas dupe du plan cinéma :

– Un autre *James Bond* ?

5 – *'gneur d'z anneaux*, mâchonna Louis.

Il lui tourna le dos.

– Mais Louis…

Il avait quitté la pièce. Madame Feyrières soupira. Heureusement qu'elle avait Floriane. Une fille, ça se confie.
10 Puis elle se demanda si elle ne devrait pas en savoir un peu plus long sur cette « Fifi ». Après tout, rien ne lui interdisait de prendre un rendez-vous chez *Maïté Coiffure*.

Elle passa au salon dès le lendemain matin. Elle fut agréablement surprise. La patronne était un peu mielleuse,
15 mais l'ambiance bon enfant. Clara était occupée. Ce fut le jeune coiffeur qui la prit en charge :

– Qu'est-ce qui vous ferait plaisir ? Un thé, un café ?

– Non, rien, merci. Vous n'avez pas une petite apprentie ?

– Elle est en vacances. Vous la connaissez ?

20 Madame Feyrières fit vite dévier la conversation.

– Je… j'aimerais changer de coiffure. Peut-être faire quelque chose de plus…

– Jeune ? suggéra Fifi que la permanente* platine de madame Feyrières contrariait.

25 – Oui, des mèches*, s'enhardit madame Feyrières. Vous savez ? Le look surfeur*…

« Oh, là, elle se lâche, la bourgeoise », songea Fifi.

– Avec… avec une frange déstructurée* ? ajouta madame Feyrières en interrogeant Fifi dans le miroir*.

30 – Verte ou orange ?

---

2 **être dupe** croire qc qui n'est pas vrai – 5 **mâchonner** grommeler – 14 **mielleux** exagérément agréable – 16 **prendre en charge qn** s'occuper de qn – 20 **faire dévier une conversation** amener une conversation sur un sujet précis – 23 **suggérer** proposer – 23 **platine** d'un blond très clair – 24 **contrarier** énerver – 25 **s'enhardir** dire avec plus de courage – 27 **se lâcher** *ici :* locker werden – 27 **une bourgeoise** *ici : péj* brave Hausfrau

Madame Feyrières eut un petit temps d'arrêt, puis comprit que le coiffeur plaisantait.

– Je n'y connais pas grand-chose, avoua-t-elle.

– On va y aller progressivement, la tranquillisa Fifi. Un look
5 surfeur*, mais sage. Plutôt planche à voile, en fait.

Deux heures plus tard, madame Feyrières s'admirait sous tous les angles. Une coupe* sportive, comme brossée par le vent, avec des mèches* claires qui accrochaient la lumière.

– Bon, je vous laisse un pourboire pour votre apprentie.
10 Elle précisa :

– C'est une amie de mon fils. Fifi.

« Là, elle déjante », songea Fifi.

– C'est moi, dit-il, Fifi l'apprentie, c'est moi.

Madame Feyrières hésita, puis se mit à rire. De l'humour gay,
15 probablement.

Ce soir-là, monsieur Feyrières revint fort tard de l'hôpital. Sa femme l'avait attendu pour dîner.

– Qu'est-ce qui t'est arrivé ? s'écria-t-il.

Au ton de sa voix, on aurait pu penser que madame Feyrières
20 avait le visage déformé par une poussée d'eczéma.

– Je suis allée chez le coiffeur.

– Je vois bien, s'agaça monsieur Feyrières. Mais c'est quoi, ce… genre ?

Il désignait la nouvelle coupe* de cheveux. Madame Feyrières
25 sentit monter en elle quelque chose d'étrange. Comme une bouffée de colère.

– C'est pour changer, dit-elle.

– Tu étais très bien avant. Changer ! Tout le monde veut changer. Quand les choses sont bien, ce n'est pas la peine. Tu
30 n'avais pas besoin de changer, Véra.

Il croyait dire quelque chose d'aimable.

---

5 **sage** ≠ fou – 8 **accrocher** fixer – 12 **déjanter** *fam* devenir fou – 20 **une poussée d'eczéma** schlimmer Hautausschlag – 22 **s'agacer** ≠ se calmer – 26 **une bouffée** une crise

– Je ne m'appelle pas Véra ! cria sa femme, subitement hors d'elle. Je m'appelle Véronique ! Mes parents ont voulu m'appeler comme ça !

– Mais oui, mais je sais, balbutia monsieur Feyrières qui
5 n'avait jamais vu sa femme dans cet état. Mais je t'ai toujours appelée Véra…

– Je me suis toujours appelée Véronique. Et c'était très bien. Tu n'avais pas besoin de changer !

– Mais c'est insensé, dit monsieur Feyrières, prenant les
10 murs à témoin.

– Je veux changer ! Je veux être moi !

– Rends-toi compte que c'est contradictoire, Véra… euh Véro !

Elle venait de quitter la salle à manger.

15 – C'est n'importe quoi, soupira monsieur Feyrières.

Mais il n'y avait plus que le plafonnier pour compatir.

Le mercredi, dès le déjeuner expédié, Louis fila vers la rue de la Cerche. Le vent était coupant. Louis courait, le blouson ouvert, traçant tellement dans sa tête qu'il ne sentait pas le
20 froid.

– Mais c'est notre Louis !

– Tiens ? Louis !

– Bonjour, Louis !

Il embrassa tout le monde. Il était de retour chez lui.

25 – Garance n'est pas là, lui signala madame Maïté. Elle est allée voir son père au Creusot. C'est elle que tu venais voir, hein ?

Louis rougit à peine.

– Non. Je viens travailler.

30 C'était dit bien net, comme un homme qui a besoin de ça pour nourrir sa famille. Sans un mot, Fifi lui tendit le balai.

---

2 **hors d'elle** très en colère – 9 **insensé** ≠ raisonnable – 10 **un témoin** Zeuge –
12 **contradictoire** opposé – 16 **compatir** avoir de la sympathie – 17 **dès le déjeuner
expédié** après le déjeuner – 19 **tracer** *fam* aller très vite – 25 **signaler** faire remarquer –
26 **Le Creusot** une ville en Bourgogne – 28 **à peine** presque pas – 31 **nourrir** faire
manger

– Bonjour, mademoiselle Rapoport, c'est pour le coup de peigne* ?

La vieille demoiselle entra et regarda autour d'elle le salon désert.

5 – Eh bien, dites, c'est calme.

– M'en parlez pas, soupira la patronne. Ou ils n'ont plus un sou, ou ils sont tous partis à Hawaï.

Fifi et Clara paraissaient toujours aussi indifférents aux mauvaises affaires du salon. Mais Louis était tracassé.

10 Comment attirer la clientèle ? Il jeta un coup d'œil sur la devanture de *Maïté Coiffure* et se fit la réflexion que tous les autres magasins fêtaient Halloween à grand renfort de citrouilles. Pourquoi *Maïté Coiffure* n'en faisait-il pas autant ?

Louis profita de ce que les deux coiffeurs bavardaient avec

15 mademoiselle Rapoport pour s'approcher du comptoir.

– Faudrait décorer la vitrine pour Halloween, dit-il à la manière abrupte des timides.

– Halloween ? répéta madame Maïté.

Elle secoua la tête d'un air de désapprobation.

20 – Tu sais ce que c'est, la Toussaint, Louis ? C'est la fête des morts. Je sais pas si c'est quelque chose à fêter. Mais moi, les citrouilles, j'ai pas le cœur à ça.

Louis savait ce qu'il y avait derrière ces mots. Mais il insista quand même :

25 – C'est pour que les gens regardent la vitrine.

Madame Maïté ouvrit son tiroir-caisse, tching, cling, prit un billet de vingt euros, puis un deuxième après réflexion.

– Eh bien, vas-y, décore.

Louis commença par examiner les autres magasins du quartier,

30 puis il acheta avec prudence des branchages et un potiron chez

7 **un sou** *ici :* de l'argent – 9 **être tracassé** s'inquiéter – 10 **attirer** *ici :* faire venir – 10 **jeter un coup d'œil** regarder – 11 **une devanture** une vitrine – 12 **à grand renfort de qc** en employant beaucoup de qc – 13 **une citrouille** Kürbis – 13 **autant** la même chose – 14 **bavarder** discuter – 17 **abrupt** ≠ doux – 19 **la désapprobation** ≠ l'accord *m* – 29 **examiner** *ici :* observer – 30 **la prudence** Vorsicht – 30 **un branchage** Geäst – 30 **un potiron** une citrouille

le fleuriste, une fausse marmite en plastique et un chapeau de sorcière dans un magasin de farces et attrapes. Il fit quelques essais de décoration, renversa un présentoir* L'Oréal et se cogna dans la vitrine. Fifi, qui le regardait, les bras croisés, se
5 mit à rire de bon cœur :
     – Il nous fait une attraction vivante !
     – Il n'y a que ceux qui font rien qui ne font pas de bêtises, le rabroua madame Maïté.
     Du coup, Fifi alla chercher un vieux mannequin dans le
10 grenier, le coiffa de la perruque fauve et du chapeau de sorcière et l'installa dans la vitrine en bousculant Louis.
     – Chouchou, blagua-t-il au passage.
     Ils se mirent à décorer tous les deux et installèrent en vitrine un salon de coiffure pour sorcières. La clientèle n'afflua pas
15 pour autant, mais ils s'amusèrent bien. Au moment de quitter le salon, Louis chipa discrètement quelques cartes *Maïté Coiffure* sur le comptoir. Il allait faire de la publicité.
     – Bon, à samedi ! dit-il.
     – C'est férié ! lui crièrent d'une seule voix Fifi et Clara.

20 Louis était vraiment en retard. Il eut l'idée d'attraper le tram. Sous l'abri, il y avait déjà deux hommes qui attendaient. Tout d'abord, Louis ne prit pas garde à eux. Puis il entendit l'un des deux qui disait :
     – Une taspé askeum, ça fait des tunes. J'lâche pas l'areuf.
25   Il portait un pantalon de jogging jaune vif. Louis ne prit pas le temps de vérifier s'il avait des piercings aux oreilles. Il courut d'une traite jusque chez lui.

---

1 **un fleuriste** → une fleur – 1 **une marmite** Kochtopf – 2 **une sorcière** Hexe – 2 **des farces et attrapes** *fpl* Scherzartikel – 3 **renverser** faire tomber – 4 **croisé** l'un sur l'autre – 10 **un grenier** Speicher – 10 **fauve** rouge – 12 **blaguer** plaisanter – 14 **affluer** venir plus nombreux – 16 **chiper** *fam* prendre – 19 **férié** fermé parce qu'il y a un jour de fête – 21 **un abri** un endroit protégé – 22 **prendre garde à qn** faire attention à qn – 24 **une taspé askeum** *verlan vulg* une pétasse à mec (une fille qui attire les hommes) – 24 **la tune** *arg* l'argent *m* – 24 **l'areuf** *verlan* l'affaire – 25 **vif** intense – 27 **d'une traite** sans s'arrêter

9

Férié

Deux jours de congé consécutifs, c'était inhabituel pour monsieur Feyrières dont le surmenage était le pain quotidien.

5 Comme un bonheur ne vient jamais seul, les Janson avaient invité les Feyrières pour le samedi soir.

– Mais on va faire quoi ? geignit Louis.

– Vous irez jouer avec Ludovic et Mélissa, répondit sa mère.

Floriane intervint à sa manière bien posée :

10 – Maman, on t'a déjà dit que c'est des abrutis.

– Eh bien, dites-le à votre père. Je ne suis pas le guichet des réclamations.

La soirée s'annonçait bien.

Ce samedi, monsieur Feyrières était de très bonne humeur.

15 Floriane était venue lui montrer son cahier de contrôles. Que des 10. Monsieur Feyrières, que le caractère introverti de Louis agaçait, était très fier de sa cadette.

Il changeait de chemise tout en fredonnant lorsque sa femme entra dans la chambre. Il la regarda et se rembrunit.

20 – Tu… tu vas garder ce… cette…

Il désignait la nouvelle coupe* de cheveux. Il craignait une réflexion ironique de Nadine Janson. Madame Feyrières eut envie de mordre, mais ne répondit rien.

– Tu as vu les notes de Floriane ? dit-il encore. Elle a tout

25 pour elle, cette gosse. Jolie, intelligente. Et du caractère.

---

3 **un congé** de courtes vacances pour les gens qui travaillent – 3 **consécutif** sans interruption – 3 **inhabituel** exceptionnel – 4 **le surmenage** la fatigue pour avoir trop travaillé – 11 **un guichet** Schalter – 12 **une réclamation** une plainte – 14 **de bonne humeur** ≠ triste – 15 **un cahier de contrôles** un cahier dans lequel on écrit tous les tests – 17 **la cadette** l'enfant la plus jeune – 19 **se rembrunir** perdre sa bonne humeur – 23 **mordre qn** jdm an den Hals gehen

Il fit son nœud de cravate devant la psyché et constata à quel point Floriane lui ressemblait. Louis tenait de sa mère. Gentil visage, mais, comment dire ? Fade.

– Au fait, tu ne sais pas ? lui dit madame Feyrières. Louis a
5 une petite copine.

– Ah bon ?

Monsieur Feyrières eut l'air très surpris, comme si cette éventualité ne s'était jamais présentée à son esprit.

– De sa classe ?
10 Madame Feyrières savoura ce moment. Son mari allait être encore plus surpris.

– Non, c'est la petite apprentie du salon de coiffure. Fifi.

– Qu'est-ce que tu racontes ? « Fifi » ? C'est n'importe quoi.

Il niait que ce fût possible.
15 – Si je te le dis, c'est que c'est vrai.

Monsieur Feyrières explosa.

– Et tu laisses faire ? Tu trouves ça bien ? « Petite copine », d'abord, ça veut dire quoi : « petite copine » ?

Madame Feyrières regretta alors d'avoir trahi Louis.
20 – Mais c'est rien. Il l'a invitée au cinéma. Ils ont vu *James Bond*. C'est pas une affaire d'État.

Monsieur Feyrières serra son nœud de cravate à s'en étrangler.

– Il n'est pas question qu'il la revoie.
25 – Eh bien, tu lui diras.

– Certainement.

La soirée s'annonçait de mieux en mieux.

Les Janson habitaient deux rues plus loin. Le trajet se fit à pied et en silence. Monsieur Feyrières observait son fils à la
30 dérobée, comme s'il s'attendait à voir sur lui quelque trace

---

1 **un nœud** Knoten – 1 **une psyché** un grand miroir – 2 **tenir de qn** ressembler à qn – 8 **une éventualité** une possibilité – 8 **l'esprit** *m* Geist – 10 **savourer** *fig* avoir beaucoup de plaisir – 14 **nier** ne pas vouloir accepter – 19 **trahir qn** ≠ garder le secret de qn – 22 **s'étrangler** ne plus avoir d'air

d'une débauche récente. Floriane avançait en sautillant sur une marelle imaginaire.

– Tu ne peux pas marcher normalement ? s'énerva son père.

5 Elle le regarda scandalisée. Il ne la grondait jamais.

– On va pas à un enterrement, lui répliqua-t-elle.

« Mais elle est insolente », pensa monsieur Feyrières. Ses enfants se tenaient mal, leur mère ne savait pas les élever. Toute sa bonne humeur s'était envolée.

10 – Bonsoir, Brice !

Au fait, monsieur Feyrières s'appelait Brice. Il embrassa Nadine Janson sur les deux joues.

– Mais qu'est-ce que tu as fait à tes cheveux, Véra ? s'étonna Nadine.

15 – Il ne faut pas l'appeler Véra, ironisa son mari. C'est Véronique, maintenant.

– Ça n'est pas « maintenant ». C'est depuis ma naissance.

L'échange entre les époux Feyrières avait été très sec. Les Janson s'entreregardèrent, amusés. Tiens, tiens ! De l'eau dans 20 le gaz ?

– Allez jouer, les enfants, les encouragea monsieur Janson.

Ludovic et Louis se dévisageaient en chiens de faïence. Mélissa suçait son pouce. Sa mère lui tapa sur la main.

– Arrête avec ça. Va jouer avec Floriane.

25 L'air était électrique.

– Je t'ai montré mes autographes ? se décida Ludovic. J'ai pas que celui de Jennifer. Y a Zazie qui est passée. Et Juliette Binoche pour son film.

Louis le suivit dans sa chambre. Ludovic avait son PC, sa 30 télé, son lecteur de DVD, toutes choses dont la possession personnelle était interdite à Louis. « Pas l'âge », estimait

---

1 **la débauche** la recherche sans fin de plaisir – 1 **récent** nouveau – 1 **avancer** aller vers l'avant – 2 **une marelle** Himmel und Hölle (Kinderspiel) – 6 **un enterrement** une cérémonie pour qn qui est mort – 7 **insolent** frech – 9 **s'envoler** disparaître – 18 **les époux** *mpl* le mari et la femme – 22 **en chiens de faïence** ≠ amicalement – 23 **sucer** lutschen – 27 **Zazie** une chanteuse de pop française – 27 **Juliette Binoche** une vedette de cinéma – 31 **estimer** penser

son père. Ludovic frimait à mort quand Louis était sur son territoire. Il sortit son carnet d'autographes. Louis ne réagit pas.

– Et ton stage de coiffure ? T'as fait autre chose que des
5 shampooings* ?

– Je suis sorti avec l'apprentie. Tu vois qui je veux dire ? Garance.

Ludovic parut aussi étonné que l'avait été monsieur Feyrières.

10 – Mais… elle est vieille.

– Seize ans. Je suis allé voir *James Bond* avec elle.

Dans l'esprit de Louis, c'était presque devenu vrai.

– Et… tu l'as embrassée ?

Louis songea au baiser que Garance lui avait infligé près du
15 vestiaire.

– Bien sûr, dit-il d'un air de séducteur tranquille.

Ludovic rejeta son carnet d'autographes sur son bureau. Ça ne faisait pas le poids.

Dans la chambre voisine, Mélissa avait sorti ses Barbie.

20 – On n'a qu'à faire Barbie vétérinaire. Elle soignerait mes peluches.

Floriane, indécise, tripotait le jeu de la marchande. Sur un étal en plastique, il y avait une baguette, une brioche, une tarte…

25 – Ou on jouerait à la vendeuse, dit-elle.

– Je préfère Barbie.

– Ça serait Barbie la vendeuse. On ferait une boulangerie.

Mélissa prit sa Barbie « Belle au bois dormant » et se mit à la faire parler d'une voix stupide :

30 – Bonjour, monsieur prince charmant. Alors, c'est quoi ce que vous voulez ?

---

1 **frimer** faire l'important – 2 **un carnet** un petit cahier – 14 **un baiser** Kuss – 14 **infliger qc à qn** imposer qc à qn contre sa volonté – 16 **un séducteur** un homme qui attire les femmes par son charme – 18 **ne pas faire le poids** être inférieur – 20 **un vétérinaire** un docteur pour les animaux – 21 **une peluche** Stofftier – 22 **indécis** ≠ décidé – 22 **tripoter** toucher tout le temps – 23 **un étal** un stand

Elle attrapa Ken rockstar :

– Une baguette pas trop cuite, madame princesse.

Floriane passa à la contre-attaque :

– T'as qu'à sucer ton pouce. Je vais jouer toute seule.

5 – Eh bien, sors de MA chambre. C'est MES jouets !

– Je vais le dire à ma mère !

– Non, c'est moi !

Elles coururent toutes les deux vers le salon en hurlant « maman ! ». Les parents étaient en train de prendre l'apéritif.

10 – Qu'est-ce qu'il y a ? s'écrièrent les deux mères d'une même voix.

– C'est Mélissa, elle se moque de moi.

– C'est Floriane, elle veut jouer que à ses jeux.

Madame Janson prit la situation en main :

15 – Et à quoi tu veux jouer, Floriane ?

– Elle veut jouer à Barbie boulangère, répondit Mélissa à sa place.

Madame Janson se moqua :

– C'est pas très glamour, ça, « Barbie boulangère ».

20 – Ma mère était boulangère, dit madame Feyrières d'une voix d'outre-tombe.

Il y eut un silence. Puis Nadine enchaîna :

– De toute façon, on va dîner. Allez vous laver les mains, les filles.

25 Brice parla de sa fatigue à plusieurs reprises pendant le repas, et comme les filles se faisaient la tête et que les garçons se snobaient, la soirée ne s'éternisa pas. Les Feyrières revinrent chez eux d'un pas morne. Finalement, ils étaient bien allés à un enterrement.

30 – Louis, j'ai quelque chose à te dire.

Monsieur Feyrières venait de coincer son fils dans le couloir.

---

2 **cuit** *ici :* gebacken – 5 **un jouet** → jouer – 21 **d'outre-tombe** de fantôme – 26 **se faire la tête** ne pas se parler parce qu'on est vexé – 27 **se snober** s'ignorer – 27 **s'éterniser** durer longtemps – 28 **morne** de mauvaise humeur – 31 **coincer** bloquer

– Maintenant ?

Il était plus de minuit. Monsieur Feyrières acquiesça. Il ressentait en lui une sourde excitation. Il avait envie d'affronter son fils. De lui faire sortir ses tripes. Ils entrèrent tous deux
5　dans la chambre de Louis.

– Ta mère m'a dit que tu fréquentais ?

Louis se sentit rougir et fit craquer ses doigts.

– Et alors ?

– C'est l'apprentie du salon de coiffure, c'est ça ?

10　– Oui.

– « Fifi », prononça monsieur Feyrières du bout des lèvres. Alors écoute-moi, Louis. C'est peut-être une personne très sympathique et… une jolie fille ?

Il interrogeait son fils, les sourcils levés. Mais Louis ne
15　broncha pas. Il vint à monsieur Feyrières l'envie de le secouer par les épaules. Il mit les mains dans ses poches.

– Mais nous ne sommes pas du même milieu. Je n'ai rien contre les coiffeuses… Il ne faut pas me faire dire ce que je ne dis pas.

20　Monsieur Feyrières s'écoutait parler.

– Il y a des gens valables, partout. Simplement, nous avons une autre culture, d'autres valeurs. Bref…

Il ralentit encore son débit pour donner tout son poids à l'interdiction qu'il allait prononcer.

25　– Je ne veux pas que tu fréquentes cette « Fifi ».

– Je ne dois plus sortir avec Fifi ? se fit préciser Louis avec un mystérieux sourire.

– C'est ça.

– D'accord.

30　Son père le regarda, décontenancé.

– Tu me donnes ta parole ?

---

2 **acquieser** hocher la tête pour dire oui – 3 **sourd** *ici :* qui ne se montre pas ouvertement – 4 **faire sortir les tripes** *ici :* faire parler – 6 **fréquenter** *ici :* sortir avec une jeune fille – 11 **prononcer** dire – 15 **broncher** réagir – 21 **valable** *ici :* qui a des qualités – 22 **une valeur** Wert(vorstellung) – 23 **ralentir le débit** parler moins vite – 26 **préciser** *ici :* répéter pour être sûr – 30 **décontenancé** très surpris

– Oui.

Le problème était réglé. Mais monsieur Feyrières était déçu.

– Bonne nuit, Louis.

Aucun caractère, ce gamin. À présent qu'il avait repris
5 le contrôle de la situation avec son fils, Brice allait devoir
s'expliquer avec sa femme. Elle était déjà au lit, feuilletant un
magazine.

– Tu avais besoin de parler de ta mère boulangère aux
Janson ? commença-t-il à brûle-pourpoint.

10 – C'est une tare ?

La colère lui faisait la voix brève.

– Il ne faut pas me faire dire ce que je ne dis pas. Il n'y a
pas de honte à être boulangère ou coiffeuse. Simplement,
les Janson n'avaient pas à le savoir. Tu sais bien comment ils
15 sont…

– Oui, ce sont des abrutis.

– Pardon ?

– Et je ne les reverrai plus.

Elle imita Nadine Janson :

20 – « Pas très glamour, Barbie boulangère »… Et qu'est-ce
qu'elle fait de sa vie, elle, à part attendre que son mari rentre
le soir ?

– Comme toi, observa monsieur Feyrières.

– Oui, eh bien, maintenant que les enfants sont grands, je
25 vais chercher du travail.

Elle venait de le décider à l'instant. Mais on aurait pu croire
qu'elle y pensait depuis plusieurs mois.

– Toi ? Mais tu ne sais rien faire, remarqua son mari.

Ce n'était même pas dit méchamment.

---

9 **à brûle-pourpoint** tout à coup – 10 **une tare** Makel

10

Reprise

Louis fit des photocopies agrandies de la carte *Maïté Coiffure*.
Il y ajouta une phrase au gros feutre noir : « 10 % de remise
5 sur présentation de ce bon. » Puis il glissa les prospectus
sous les essuie-glaces des automobiles en allant au collège.
Le mercredi, il fit semblant de partir à son club de tennis et
débarqua au salon avec sa raquette dans un sac de sport.
Garance était revenue du Creusot.
10   – T'as repris le bahut ? lui demanda-t-elle.
     – Oui. Mais je vais plus rien foutre. Comme ça, on m'orientera
en fin d'année.
     C'était le plan de Louis. Devenir nullissime. Garance
approuva.
15   – Moi, je vais laisser tomber la coiffure, dit-elle. Je vais aller
dans une école d'esthéticienne. Je fais très bien les massages.
Tu veux que je te montre ?
     Mais Fifi l'appela pour qu'elle rince* la permanente* d'une
cliente. Elle souffla dans le cou de Louis :
20   – Je te le ferai une autre fois.
     Le garçon commençait à se croire vraiment le petit copain de
Garance. Mais à la pause-café, elle parla de sa prochaine sortie
en boîte avec l'amateur de vodka et Louis perdit ses illusions.
Le salon avait repris son animation. Louis espérait que sa
25 vitrine de Halloween et sa campagne de publicité y étaient
pour quelque chose.
     – Ils ont touché la paye, lui expliqua madame Maïté. Tiens,
bonjour, madame Grolot.

4 **un feutre** Filzschreiber – 4 **une remise** une réduction – 5 **glisser** mettre –
6 **un essuie-glace** Scheibenwischer – 8 **débarquer** arriver – 8 **une raquette**
Tennisschläger – 10 **reprendre** recommencer – 11 **foutre** *fam ici* : faire – 11 **orienter
qn** jdn zur Berufsberatung schicken – 13 **nullissime** très nul – 16 **une esthéticienne**
Kosmetikerin – 19 **le cou** Hals – 23 **un amateur** qn qui se passionne pour qc – 25 **y
être pour quelque chose** aider à avoir un certain succès – 27 **toucher la paye** recevoir
l'argent pour le travail qu'on a fait

Une cliente était entrée et avec elle une odeur qui fit plisser le nez de Louis. Était-ce la rue qui sentait si mauvais ? Louis s'aperçut que Fifi et Clara s'échangeaient des petits signes de tête qui signifiaient clairement : « À toi, l'honneur. Non, merci,
5 je n'en ferai rien. »

– Louis, vestiaire.

Louis prit le manteau de madame Grolot et eut un haut-le-corps. C'était bien la cliente, qui dégageait cette odeur de rance et de moisi. Le petit visage de Garance se mura tandis
10 qu'elle enfilait des gants de caoutchouc très fins. Puis elle fit le shampooing* en détournant parfois la tête pour happer de l'air frais. Au bout de quelques instants, elle se précipita vers le comptoir et chuchota, effarée :

– Elle a des poux.

15 Clara se dévoua. Elle fit un shampooing anti-poux* et remit un produit à madame Grolot en lui fournissant quelques explications à mi-voix. Sans manifester la moindre gêne, la dame paya le shampooing*, le produit, et s'en alla, laissant derrière elle un sillage abominable. Fifi était vert. On aéra en
20 grand, on désinfecta le bac, on pulvérisa des parfums. « De l'air, de l'air », haletait Fifi. Le fou rire finit par gagner tout le monde. Madame Grolot ne se lavait probablement jamais. Sa venue était toujours une épreuve pour *Maïté Coiffure*.

– Y a de ces tapées, commenta Garance. Mais c'est pire ce
25 qui se passe dans les salons d'esthétique. J'ai une copine qui m'a raconté que, dans ces clients, elle a un mec…

– Tu peux garder ce genre d'histoires pour toi, l'interrompit Clara.

– C'est rien de mal.

30 Clara désigna Louis de la tête.

---

1 **plisser** *ici* : rümpfen – 4 **un honneur** Ehre – 7 **un °haut-le-corps** un sursaut –
8 **dégager** *ici* : verbreiten – 9 **le rance** ≠ la fraîcheur – 9 **le moisi** Schimmel – 10 **un gant** Handschuh – 11 **happer** avoir – 12 **se précipiter** courir – 13 **un pou** Laus – 15 **se dévouer** prendre sur soi un travail désagréable – 16 **fournir** donner – 17 **manifester** montrer – 17 **moindre** geringste – 19 **un sillage** une odeur – 19 **abominable** horrible – 19 **aérer** ouvrir grand les fenêtres – 20 **pulvériser** zerstäuben – 21 **haleter** nach Luft schnappen – 23 **une épreuve** une chose difficile – 24 **une tapée** une folle

– Il n'a pas besoin d'entendre ça.

Le carillon tinta. C'était le colonel qui venait se faire raser.

– Fifi ! Pour vous ! appela madame Maïté.

Clara s'approcha de la porte vitrée et regarda les gens qui
5 rentraient chez eux. Soudain, elle se recula vivement, puis
monta à l'étage. Louis s'approcha à son tour de la vitrine. Il
reconnut l'homme. Il n'avait plus son jogging jaune. Mais
c'était bien lui. Il rôdait autour du salon.

Louis pensa rejoindre Clara sur la mezzanine, mais, arrivé en
10 haut de l'escalier, il l'entendit qui parlait à Fifi :

– J'ai changé de numéro de portable, j'ouvre ma porte à
personne, je prends plus les petites rues. Philippe, j'en peux
plus.

– Préviens la police.

15 – Et tu crois qu'ils vont me payer un garde du corps ?

Louis redescendit doucement l'escalier. Il était perturbé.

– C'est peut-être temps que tu rentres ? lui suggéra madame
Maïté.

Il s'approcha du comptoir :

20 – Le type qui a tout cassé l'autre jour, il est dehors.

Il fit un signe vers la vitrine.

– Il continue d'embêter Clara, je crois.

La patronne vit que le garçon prenait l'histoire très à cœur.

– Tu as bien fait de m'en parler, Louis. Je vais m'en occuper.
25 Ne te fais pas de soucis. À samedi ?

Louis ne savait absolument pas quel mensonge il pourrait
trouver pour se libérer.

– À samedi, répondit-il.

Une fois dehors, il inspecta les alentours jusqu'à l'abri du
30 tram. Il y avait toute la faune habituelle rue de la Rep'. Mais
l'homme avait disparu.

---

5 **vivement** vite – 8 **rôder** tourner – 16 **perturbé** troublé – 22 **embêter** *fam* belästigen –
25 **un souci** une inquiétude – 26 **le mensonge** → mentir – 27 **se libérer** devenir libre –
29 **inspecter** observer – 29 **les alentours** *mpl* Gegend – 30 **la faune** *fam* un ensemble
de personnes habituées d'un lieu

Quand il rentra, sa mère et sa sœur regardaient la télévision dans le salon. Louis avait prétexté des recherches à faire à la médiathèque pour revenir plus tard.

– Tu sens super-bon, nota Floriane.

5 Il empestait de tous les parfums qu'ils avaient dû pulvériser après le départ de madame Grolot.

– … prendre une douche, marmonna-t-il.

Madame Feyrières n'était pas dupe. La médiathèque n'était pas si parfumée. Louis avait passé l'après-midi avec sa petite 10 amie. Curieusement, elle en ressentit une espèce de fierté.

Au dîner, madame Feyrières annonça aux enfants qu'à la prochaine rentrée des classes elle reprendrait ses études d'infirmière et que, d'ici là, elle ferait un stage de secourisme.

– Ouais, ouais, ouais, l'approuva Floriane en se trémoussant 15 sur sa chaise.

– Et toi, Louis, tu penses que c'est une bonne idée ?

– Carrément.

Quelques jours auparavant, monsieur Feyrières aurait piétiné les ambitions de sa femme d'un simple : « C'est n'importe 20 quoi. » Mais il devenait prudent.

– J'ai le droit d'émettre un avis ? fit-il, à peine ironique. Tu as abandonné il y a longtemps et tu risques de peiner à t'y remettre. Ce ne sont pas des études aussi faciles qu'on le pense.

25 Louis tressaillit :

– C'est comme la coiffure.

– Non, ça n'a rien à voir. La coiffure, c'est pour les analphabètes.

Louis passa la fin du repas à pétrir silencieusement des 30 boulettes de mie de pain. Au fond, l'opinion de son père sur les

---

2 **prétexter** trouver une excuse – 4 **noter** remarquer – 5 **empester** dégager une mauvaise odeur – 10 **la fierté** → fier – 13 **une infirmière** Krankenschwester – 13 **le secourisme** Erste Hilfe – 14 **se trémousser** bouger en faisant des mouvements – 17 **carrément** absolument – 18 **piétiner** *ici :* se moquer de – 20 **prudent** qui fait attention – 21 **émettre** exprimer – 22 **peiner** avoir du mal – 25 **tressaillir** sursauter – 29 **pétrir** kneten – 30 **une boulette** une petite boule

coiffeurs l'arrangeait bien. Analphabète ou nullissime, c'était tout un.

Au collège, ses notes poursuivaient leur dégringolade. Le professeur de mathématiques s'en alarma. Il connaissait
5 monsieur Feyrières, qui avait opéré et sauvé sa femme après un accouchement dramatique. Il fit venir Louis à son bureau pendant un interclasse.

– Ça ne va pas du tout, lui dit-il, le ton plutôt amical. Vous ne faites plus aucun effort. Il faut vous reprendre. Ou ce sera le
10 redoublement. Et encore… Pour redoubler, il faut être motivé. Autrement, c'est l'orientation.

Louis faillit lui répondre qu'il ne se sentait pas du tout motivé. Il se contenta de hocher la tête en regardant ses baskets. Sa seule ambition concernait la reprise des affaires
15 chez *Maïté Coiffure*. Il continuait de mettre ses petits papiers sur les pare-brise. Il eut même l'imprudence, ce soir-là, d'en décorer toutes les voitures de sa rue.

Le lendemain matin, en se rendant à son garage, monsieur Feyrières remarqua le prospectus glissé derrière tous les essuie-
20 glaces. Le nom de *Maïté Coiffure* accrocha son regard. C'était le salon de coiffure où Louis avait fait son stage. Le salon de la fameuse Fifi. Monsieur Feyrières s'arrêta, prit le prospectus et le fourra dans sa poche.

---

3 **une dégringolade** une chute – 5 **sauver** retten – 6 **un accouchement** l'action de mettre au monde un bébé – 7 **un interclasse** le moment entre deux cours – 9 **se reprendre** reprendre le contrôle de soi – 10 **un redoublement** le fait de ne pas passer dans la classe supérieure – 11 **autrement** sonst – 16 **le pare-brise** Windschutzscheibe – 16 **l'imprudence** *f ici :* la folie – 20 **accrocher** attirer l'attention – 23 **fourrer** *fam ici :* mettre

11

En grève

Le samedi, Louis vécut l'enfer. Monsieur Feyrières revint de l'hôpital pour déjeuner, ce qui était exceptionnel. Bonne-
5 Maman passa au café et resta jusqu'au thé. Louis ne trouva aucun prétexte pour s'éclipser. Le dimanche lui parut interminable ; le lundi, il était au bord de la dépression. On lui fit des remarques désobligeantes à tous les cours. Le mardi, au moment de franchir le portail du collège, il sentit qu'il en
10 était incapable. C'était comme le cheval qui refuse de passer l'obstacle. Il restait immobile au milieu du passage. On commençait à le regarder, les petits sixièmes le bousculèrent avec leur gros cartable. Lentement, à reculons, il s'éloigna. Puis il fit demi-tour et partit en courant. Il serait à l'heure de
15 l'ouverture de *Maïté Coiffure*. Chemin faisant, il inventa une fable, les profs seraient en grève…

– Une grève illimitée, précisa-t-il à madame Maïté. C'est à cause d'une fille de quatrième qui dit que le prof de gym l'a… euh… pelotée, quoi, et le prof a été renvoyé, enfin, pas renvoyé,
20 mais il doit passer devant une commission.

Louis mentait avec ivresse.

– Donc, les profs ont décidé de se solidariser avec lui parce que l'histoire de la fille, c'est bidon, je la connais, c'est une mytho finie. Le principal a dit qu'on peut venir au collège, mais
25 y aura pas de cours d'assuré. Moi, j'aime autant venir ici.

– Ça tombe bien, dit la patronne, Garance a sa semaine à l'école.

---

2 **une grève** un arrêt de travail pour protester contre qc – 6 **s'éclipser** s'en aller discrètement – 8 **désobligeant** désagréable – 9 **franchir** passer – 9 **un portail** une grande porte ouvrant sur une entrée principale – 11 **un obstacle** un élément qui bloque – 11 **rester immobile** ne pas bouger – 11 **un passage** un chemin – 13 **un cartable** un sac d'école – 17 **illimité** → un limite – 19 **peloter qn** *fam* caresser qn – 21 **l'ivresse** *f ici* : la joie – 23 **bidon** *fam* faux – 24 **un mytho** *fam* une personne qui ment – 24 **un principal** le directeur d'un collège – 25 **assuré** *ici* : garanti – 25 **aimer autant** préférer

Louis sourit, tout content :

– Je la remplacerai.

Clara et Fifi gobèrent l'histoire de Louis. Ils y ajoutèrent même de nombreux commentaires sur les risques du métier
5 d'enseignant, avec tous ces jeunes qui mentent pour se donner de l'importance.

Ce jour-là, Clara apprit à Louis comment faire les chignons*, et Fifi le laissa s'entraîner à la coupe* sur lui. C'était évident, Louis était doué. Il savait regarder et imiter. Les gestes passaient
10 des mains de Clara aux siennes. Il maniait les ciseaux* comme Fifi lui-même. Et il avait de la fantaisie. Il planta dans le chignon* de Clara trois bâtons d'un mikado oublié par un petit client, puis lui étira les yeux d'une longue ligne de khôl, faisant de la jeune femme une insolite Chinoise blonde. Louis
15 coupait, coiffait, maquillait avec une muette application. Ses mains ignoraient sa timidité.

– À demain, madame Maïté !

Il n'imaginait plus d'autre vie. À la maison, il fit un chignon* à sa sœur et lui coiffa ses poupées. Le soir, il lut la revue *Toute*
20 *la coiffure* que Fifi lui avait prêtée. Deux pages du magazine étaient consacrées au défilé de Manfred à l'Impromptu. Louis ferma les yeux et retrouva derrière ses paupières les longues filles ensorcelées et leurs cheveux en crête de Mohican ou en torsades dressées comme des serpents. Un jour, leur pays
25 serait le sien.

Le principe de réalité le rattrapa le lendemain. Le collège allait envoyer une lettre pour signaler son absence. Il fallait l'intercepter. Louis prit l'habitude de glisser la main dans la boîte et d'en extraire le courrier pour le trier. La première lettre

---

2 **remplacer** prendre la place de – 3 **gober l'histoire** croire – 4 **nombreux** beaucoup de – 5 **un enseignant** un professeur – 10 **le sien, la sienne** seine, ihre – 10 **manier** handhaben – 12 **un bâton** Stäbchen – 13 **étirer** rendre plus long – 13 **le khôl** un maquillage noir pour les yeux – 14 **insolite** surprenant – 15 **une application** Hingabe – 20 **prêter** donner pour un certain temps – 21 **être consacré à** parler de – 22 **une paupière** *ici :* un œil – 23 **en crête** en l'air – 24 **une torsade** une tresse – 24 **dressé** levé – 28 **intercepter** abfangen – 29 **la boîte** *ici :* la boîte aux lettres (Briefkasten) – 29 **extraire** sortir – 29 **trier** sortieren

du collège arriva le jeudi, la suivante le samedi. Elles finirent dans une poubelle de rue.

Au salon de coiffure, les clients commentaient la grève des profs du collège Charles-Péguy. Mademoiselle Rapoport
5 comprenait tout à fait l'attitude des enseignants. Madame Rémy estimait que cela compliquait la vie des parents.

– Ils ont organisé un genre de garderie, nuança Clara.

Madame Meynier, venue faire recoiffer sa perruque, s'étonna de ce que *La République du Centre* n'en ait pas parlé.
10 – Faut pas s'en plaindre, répliqua madame Maïté. On en parle trop, de ces affaires-là.

À la demande des clients, Louis avait peaufiné son invention. Le prof de gym était marié et avait deux filles dont l'une avait été la meilleure amie de celle qui accusait son père. Cela mit le
15 comble à l'indignation de mademoiselle Rapoport :

– Il faudrait faire une pétition pour soutenir cet homme !

Mais on s'inquiéta aussi des études de Louis.

– Parce que c'est bien gentil tout ça, dit madame Maïté, mais il a le brevet à la fin de l'année.
20 Clara eut une idée :

– Louis, amène donc tes affaires au salon. On va te faire travailler. Moi, j'étais bonne en français à l'école. J'adorais lire !

Elle parla de *Jamais sans ma fille* et de *Moi, Christiane F., droguée, prostituée* que sa documentaliste lui avait fait
25 découvrir.

– Moi, j'étais forte en maths, se souvint la patronne.

Fifi déclara forfait. Il avait été nul en tout. Le colonel le taquina en l'appelant « le nul en tout », ce qui amusa beaucoup Clara. À la fin de la journée, elle n'appelait plus son collègue
30 que « Nulentout ». Fifi faisait semblant d'être vexé, et peut-être l'était-il vraiment.

---

5 **tout à fait** très bien – 12 **peaufiner** préparer avec soin et attention – 15 **un comble** un sommet – 15 **l'indignation** *f* la colère – 16 **soutenir** aider moralement – 19 **un brevet** un certificat (*ici :* à la fin de la troisième) – 21 **amener** apporter – 24 **un documentaliste** une personne qui travaille au CDI – 27 **déclarer forfait** abandonner avant la compétition – 30 **un nulentout** (être) nul en tout

Louis apporta son sac à dos au salon, ce qui lui évita d'avoir à le cacher sous son lit. Clara se plongea dans son manuel de français et fut passablement déconcertée par le « schéma actanciel » et « le mode phatique ».

5 – Je m'en rappelais pas comme ça, dit-elle en refermant le bouquin. Moi, je me souviens d'une histoire avec un monstre qui venait boire du lait, la nuit…

– *Le Horla*, la coupa Fifi. Le nulentout, il a aussi fait des études, ma vieille.

10 – C'est ça, *Le Horla* de Mérimée, compléta Clara, toute contente de remettre la main sur sa culture classique.

– C'est pas plutôt de Zola ? interrogea Garance qui était passée faire un petit coucou au salon.

– Mais non, la rabroua madame Maïté, Zola, c'est *Eugénie*
15 *Grandet*.

Louis sentit que sa formation littéraire ne progresserait pas beaucoup chez *Maïté Coiffure*, et il perdit bientôt tous ses espoirs dans les compétences mathématiques de la patronne. Elle ouvrit le manuel de maths, fronça les sourcils, jugea que le
20 port de lunettes allait lui apporter quelques éclaircissements, puis les ôta en soupirant :

– C'est pas simple ce qu'on demande aux jeunes de maintenant.

Mais il se trouvait que madame Meynier, avant sa maladie,
25 avait été laborantine. Elle fit à Louis un cours de chimie que Clara compléta par une démonstration sur les teintures*. Elle sortit son bol et sa « touillette* » et prépara devant tout le monde le mélange pour mèches* dorées avec une poudre décolorante* et un oxydant* à 30 %. Puis ce fut le cours
30 d'histoire. Mademoiselle Rapoport, passionnée de biographies, raconta en détail la vie de Champollion, souvent interrompue

---

2 **se plonger dans qc** *ici :* regarder qc avec attention – 3 **passablement** assez –
3 **déconcerté** désorienté – 3 **le schéma actanciel** Handlungsschema – 4 **le mode
phatique** Kommunikationsfunktion – 6 **un bouquin** *fam* un livre – 10 **Prosper Mérimée**
un écrivain français (1803–1870) – 12 **Émile Zola** un écrivain français (1840–1902) –
19 **un manuel** un livre scolaire – 20 **un éclaircissement** → clair – 31 **Champollion**
entzifferte ägyptische Hieroglyphen (1790–1832)

par le colonel, dont le grand homme était Winston Churchill. Garance, qui s'était quelque peu assoupie, repartit du salon avec la conviction que Winston Champollion avait résisté aux Allemands lors de la campagne d'Égypte. *Maïté Coiffure* était
5 en passe de devenir un haut lieu de la culture à Orléans.

– Bon, qui veut des mèches* blondes ? demanda Clara, touillant* toujours sa mixture.

Elle jeta son dévolu sur Louis, qui se retrouva couvert de papillotes* d'aluminium avant d'avoir eu le temps de réfléchir
10 aux conséquences.

– Tu passes au bac* ?

Un frisson parcourut l'échine de Louis lorsque la coiffeuse, ouvrant les papillotes*, déclara d'un ton satisfait :

– Elles ont bien pris.

15 Il se laissa rincer*, puis sécher* les cheveux, entre angoisse et volupté. Il aimait être entre les mains de Clara, mais de temps en temps il levait les yeux vers le miroir*. Sa chevelure* châtaine était parsemée d'épis de blé.

– Ça te plaît ?

20 – Super, marmonna Louis.

Les larmes refoulées lui brûlaient les yeux. Qu'allait-il dire à ses parents ?

Il eut une inspiration au moment de quitter le salon. Près du comptoir, il y avait des bombes de produits colorants pour se
25 faire des mèches* temporaires. C'était un article qui se vendait surtout pour le carnaval et au Nouvel An. Louis déroba une des bombes et courut jusque chez lui. Il savait qu'il avait un peu de temps devant lui, car sa mère prenait ses cours de secourisme en fin de journée. Floriane, quant à elle, restait en dépôt chez
30 une voisine jusqu'à l'heure du dîner.

Louis alla s'enfermer dans la salle de bains et recouvrit chaque mèche blonde avec le produit colorant. Il était rose.

---

2 **s'assoupir** s'endormir – 5 **un haut lieu** Hochburg – 8 **jeter son dévolu sur** choisir –
12 **un frisson** Schauer – 12 **l'échine** *f* le dos – 15 **l'angoisse** *f* la peur/ panique intense –
16 **la volupté** le plaisir – 18 **être parsemé de** avoir – 21 **refoulé** qu'on ne veut pas
montrer – 25 **temporaire** ≠ définitif – 26 **dérober** prendre

Dans sa tête, il avait inventé un mensonge sophistiqué en deux temps.

– Louis ! Louis ! l'appela sa mère au moment du dîner. Eh bien, quand même, la faim fait sortir le loup…

5 Elle ne put achever le proverbe. Louis était devant elle, en pleine lumière.

– Oh là là, commenta sa petite sœur.

Monsieur Feyrières n'eut même pas la force d'en dire autant. Il restait sans réaction, les yeux écarquillés.

10 – Mais c'est quoi ? balbutia madame Feyrières.

– Hein ? mais c'est rien, bougonna Louis. C'est un copain qu'a amené ça au bahut pour rigoler. Ça s'en va au shampooing*.

– J'ai ça dans mon jeu de Barbie styliste, intervint Floriane. Mais je trouve que rose, c'est plus joli pour les filles que pour
15 les garçons.

Monsieur Feyrières retrouva enfin la voix :

– Va te laver les cheveux immédiatement !

Louis quitta la salle à manger sans discuter. Madame Feyrières le suivit du regard en se demandant s'il n'y avait pas
20 de la Fifi dans l'air.

Louis rinça soigneusement les mèches* roses et revint à table, l'air contrarié :

– Mais c'est de la cochonnerie, ce produit. Ça décolore les cheveux.

25 – Moi, je trouve que c'est plus joli comme ça, dit Floriane.

Ce ne fut pas l'avis de monsieur Feyrières, que Louis rendait fou. Il abattit ses deux poings sur la table.

– Fous-moi le camp dans ta chambre, immédiatement !

Comme il quittait la salle à manger, Louis eut encore le
30 temps d'entendre Floriane qui s'alarmait :

---

1 **sophistiqué** raffiné – 4 **un loup** Wolf – 9 **écarquillé** *pour les yeux* ouverts tout grand avec surprise – 17 **immédiatement** tout de suite – 21 **soigneusement** avec soin – 23 **une cochonnerie** *ici :* un produit de mauvaise qualité – 27 **abattre** schlagen – 28 **fous-moi le camp** *arg* disparaît

– Mais c'est pas très grave, quand même ?

Louis s'allongea à plat ventre sur son lit. Des sanglots muets lui secouaient les épaules. Il avait envie de serrer très fort sa petite sœur contre lui et il serra son oreiller.

2 **à plat ventre** sur le ventre – 4 **un oreiller** Kopfkissen

12

Plein emploi

– C'est de Maupassant !

Clara entra en brandissant *Le Horla.*

5 – Je l'ai relu, cette nuit. C'est super bien écrit, les descriptions et tout.

– Prête-le à Louis, dit Fifi. Il va le lire et nous faire le résumé par écrit.

Comme tous ceux qui se sont fâchés de bonne heure avec
10 l'école, Fifi en avait gardé une image extrêmement rigide. Un livre, ça servait à faire des dictées et des résumés.

Il installa Louis à côté de la machine à café, avec un cahier et un stylo.

– À chaque fois qu'il y a un mot que tu comprends pas, tu
15 le notes, et ce soir, tu le cherches dans le dictionnaire et tu l'apprends par cœur.

Louis jeta un regard accablé au jeune coiffeur. Heureusement, la journée du vendredi s'annonçait chargée. Clara était en train de consulter le registre des rendez-vous*.

20 – Tu connais ça, « Rodriguez », Fifi ?

– C'est la dame qui s'est refait les seins ?

– Non, vous confondez avec madame Hernandez, celle qu'a son mari alcoolique, rectifia paisiblement madame Maïté.

– Et Darnou ou Darmoi ?

25 – Je connais une Dunois, vous voyez qui je veux dire, un grand cheval qui se laisse monter par tout le monde ?

– Fifi ! gronda madame Maïté.

Louis riait en silence de ce déballage dans le dos de la clientèle.

---

3 **Guy de Maupassant** un écrivain français (1850–1893) – 4 **brandir** tenir très haut –
9 **se fâcher** ne plus être en contact – 17 **accablé** niedergeschlagen – 18 **chargé** animé –
19 **consulter** chercher des informations – 23 **rectifier** corriger – 23 **paisiblement**
tranquillement – 28 **un déballage** *fam* le fait de dévoiler des secrets

– Oh là là, monsieur Bonenfant à onze heures trente ! s'exclama Clara.

– Je te le laisse, ma vieille.

– C'est marqué pour toi, mon vieux.

5 – Qu'est-ce qu'il a de spécial ? demanda Louis.

En même temps, Fifi et Clara firent entendre une espèce de reniflement* malpropre.

– Un tic, dit madame Maïté en essayant de ne pas rire.

Pour finir, il y avait du travail pour tout le monde et plusieurs
10 noms de clients qui ne disaient rien à personne.

Madame Rodriguez arriva vers dix heures et se fit faire une permanente*. Elle était du quartier, mais venait pour la première fois chez *Maïté Coiffure*. Au moment de payer, elle posa sur le comptoir le prospectus de Louis.

15 – J'ai les 10 % de réduction, dit-elle.

– Les quoi ? sursauta madame Maïté.

Elle prit le papier, mit ses lunettes et lut : « 10 % de remise* sur présentation de ce bon ». Elle jeta un regard d'angoisse autour d'elle comme si elle venait de passer par mégarde* dans
20 un univers parallèle.

– J'espère que la promotion n'est pas terminée, fit la cliente, je suis venue pour ça. Autrement, j'ai mon coiffeur.

Louis avait dressé l'oreille*. Il était en train de lire *Le Horla*. Il posa son livre et s'avança vers la patronne.

25 – C'est moi.

– C'est toi ?

– C'est de la publicité.

– Vous les faites ou vous les faites pas ? s'impatienta la cliente.

30 Madame Maïté lança un regard féroce* à Louis, calcula la réduction et encaissa* sans un sourire.

– Tu veux m'expliquer ? dit-elle au garçon quand madame Rodriguez fut sortie.

---

7 **un reniflement** Schnüffeln – 17 **une remise** une réduction – 19 **par mégarde** involontairement – 23 **dresser l'oreille** écouter – 30 **féroce** ≠ doux – 31 **encaisser** prendre l'argent

Les lèvres de Louis tremblèrent quand il voulut les desserrer. Son désarroi fléchit la colère de la patronne.

– Tu l'as sans doute fait dans une bonne intention, Louis, mais tu aurais dû me demander la permission.

5   – C'est clair, souffla le garçon.

Madame Maïté reprit le papier, le relut et soupira.

– Tu en as fait beaucoup des comme ça ?

Louis acquiesça. Tout son argent de poche y était passé. Un soupçon vint à la patronne. Elle reprit son registre : Darmon,
10   Alibert, Pozzi… Tous ces noms lui étaient inconnus. Le carillon tinta, aussitôt suivi d'un terrible reniflement.

– Bonjour, monsieur Bonenfant !

Louis, soulagé, alla faire un café au nouvel arrivant. Au cours de la journée, trois clientes demandèrent les 10 % de réduction.
15   Vers dix-sept heures, Louis alla enfiler son blouson au vestiaire. Il voulait s'éclipser discrètement.

– Louis !

La patronne l'appelait. Il s'approcha, inquiet, son sac sur l'épaule.

20   – On dirait que ça marche, ta publicité ?

Louis s'enhardit :

– Faudrait faire une carte de fidélité. Au bout de dix fois, la onzième, c'est gratuit.

– Louis…

25   Madame Maïté hochait la tête. Le garçon l'attendrissait.

– Tu lui ressembles, dit-elle.

Ils communièrent un instant dans le même silence.

– Tu veux que je te montre sa photo ?

– Oui.

30   Elle fouilla en tremblant dans son sac à main et sortit la photo du portefeuille. C'était un adolescent au visage fin et grave.

2 un désarroi Verzweiflung – 2 fléchir faire diminuer – 8 acquiéser hocher la tête –
9 un soupçon ici : une idée vague – 13 soulagé ici : libéré – 16 s'éclipser s'en aller –
21 s'enhardir devenir plus courageux – 22 une carte de fidélité une carte pour les
clients – 25 attendrir toucher – 27 communier partager avec qn ses sentiments et
idées – 32 grave sévère

– C'était comment son nom ?

– Étienne.

Louis chercha les mots en lui, rien qui ressemblât à « chacun ses malheurs ». Puis il renonça :

5 – Je sais pas quoi dire.

– J'aime mieux ça que des phrases toutes faites. Personne peut rien me dire. Y a rien à dire.

Louis pleurait. Il sentit une main essuyer ses larmes.

– Tes parents ont de la chance. Rentre vite chez toi.

10 Louis alla jusqu'à la porte, puis se retourna :

– C'est ici chez moi.

À l'heure de la fermeture, madame Maïté demanda à ses jeunes employés :

– J'ai pensé à une chose pour le salon : si on faisait des cartes
15 de fidélité ?

– Excellent, répondit Fifi.

Il ouvrit la porte de la maison mitoyenne et s'effaça pour laisser le passage à madame Maïté, que Clara poussait. La coiffeuse se pencha vers lui pour lui faire la bise :

20 – Bye, filou.

Elle poussa le fauteuil de sa patronne jusque dans la salle à manger. La table était mise et le dîner prêt.

– Je voulais vous prévenir, madame Maïté, je vais déménager.

25 – Vous ne vous plaisez plus où vous êtes ?

– C'est trop isolé.

Elle hésitait à se confier. Mais elle murmura tout de même :

– Il connaît mon adresse.

Madame Maïté hésita à son tour. Elle pouvait ignorer les
30 problèmes de Clara. C'était son droit.

– Si vous n'avez pas encore arrêté votre choix, Clara, j'ai un étage au-dessus, que je n'occupe pas.

Elle s'était un peu forcée à le proposer.

---

4 **renoncer** ne plus faire d'effort – 6 **une phrase toute faite** stereotyper Satz –
8 **essuyer** sécher – 17 **mitoyen** voisin – 17 **s'effacer** se mettre de côté pour laisser
passer qn – 33 **se forcer à faire qc** s'obliger à faire qc

– C'est très gentil, madame Maïté. En plus, je serai vraiment
à côté de mon travail ! Et je vous paierai un loyer normal.

Clara acceptait avec un empressement qui en disait long
sur la peur dans laquelle elle vivait. Même dans ses meilleurs
5 mouvements, madame Maïté n'oubliait jamais ses intérêts. Si
Clara habitait au-dessus de chez elle, elle pourrait lui rendre les
quelques services que Térésa lui faisait payer très cher. Quand
les deux femmes se quittèrent, l'affaire était conclue.

Comme tous les autres jours, le salon de coiffure ouvrait à neuf
10 heures, le samedi. Mais la clientèle n'arrivait guère avant dix
heures. C'était un moment paisible où, à la lumière tamisée
des vasques, chacun s'examinait dans les miroirs*, livrant aux
autres son intimité.

– T'as moins de boutons en ce moment, Philippe.
15 – J'ai changé de dermato.

Il était en train d'étaler son fond de teint correcteur.

– Tu devrais pas te tartiner comme ça. Ça bouche les pores
de la peau.

Au début, Louis était gêné par Fifi et riait trop fort de ses
20 singularités. Désormais, il était habitué.

– Monsieur Louis n'a pas fini sa nuit, remarqua Fifi.

Le garçon avait les paupières lourdes. Il avait encore prétexté
des recherches en médiathèque pour tomber de son lit à huit
heures et demie.

25 – Tu veux un coup de ma bombe ? lui proposa Clara.

Elle l'aspergea avec l'eau fraîche de son brumisateur. Puis
elle lui remodela sa coiffure au gel tandis que Fifi, à côté d'eux,
explorait une trousse* de manucure.

---

2 **un loyer** Miete – 3 **un empressement** ≠ la lenteur – 8 **conclure** régler – 11 **tamisé** *pour
la lumière* ≠ vif, intense – 12 **livrer qc** *ici :* etw preisgeben – 14 **un bouton** Pickel – 15 **un
dermato** un dermatologue (Hautarzt) – 16 **étaler** mettre – 17 **se tartiner** *fam fig ici :*
mettre une couche importante de qc sur le visage – 17 **boucher** *ici :* fermer – 20 **une
singularité** une particularité – 20 **désormais** à partir de maintenant – 27 **remodeler**
réorganiser – 27 **tandis que** pendant que

– Je vous refais les ongles, madame Maïté ? proposa-t-il pour s'occuper.

À *Maïté Coiffure*, le corps était manipulé, soigné, embelli et son image démultipliée par tout un jeu de miroirs*. Louis
5 apprenait à se connaître de dos, de face et de profil. Il savait qu'il avait tendance à se voûter et qu'il fuyait le regard des adultes.

– Tiens, miss Garance ! s'exclama Fifi en entendant le carillon sonner.
10 Louis redressa les épaules. La jeune fille l'intimidait toujours, mais il ne voulait plus se trahir.

– C'est gentil de venir un samedi de congé. Elle ne peut vraiment plus se passer de nous, se moqua Fifi.

Louis était le seul à ne pas avoir encore compris que Garance
15 était amoureuse de lui.

---

1 **un ongle** ce qui recouvre le bout du doigt – 4 **démultiplié** refleté – 6 **se voûter**
gebeugt laufen

13

Galère

Quand Louis n'était pas au salon, il prenait conscience de sa situation. Il ne pouvait pas retourner au collège sans présenter
5 un mot de ses parents. Il ne pouvait pas faire se prolonger indéfiniment la grève des professeurs. Il allait dans le mur.

Le dimanche, il eut de fréquents vertiges. Dans la nuit du dimanche au lundi, la pensée qu'il n'avait plus d'autre solution que la fugue ou le suicide l'obséda jusqu'à ce qu'une crise de
10 larmes l'amenât au sommeil.

– Louis ! Lève-toi ! Tu es en retard !

Il se redressa brusquement et toute la chambre se mit à tourner autour de lui. Sa tension était sans doute très basse. Il se traîna jusqu'à la cuisine.

15 – Je suis pas bien, dit-il à sa mère.

Il n'avait ni fièvre ni rhume. De la fatigue, diagnostiqua madame Feyrières.

– Recouche-toi, je vais prévenir le collège.

– Non ! J'y vais.

20 – Mais tu as besoin de te reposer.

– C'est bon. T'inquiète.

Dix minutes plus tard, Louis était dans la rue. Le temps était à la pluie. Il marcha au hasard, et le hasard le conduisit devant la vitrine éteinte de *Maïté Coiffure*. Il posa les mains à plat sur
25 la porte. Il aurait voulu qu'elle s'ouvre, que le carillon tinte. Un jour, le salon lui appartiendrait et il resterait illuminé toute la semaine et toute la nuit. Comme un cœur qui bat sans relâche.

---

2 **la galère** une difficulté – 3 **prendre conscience de qc** sich einer Sache bewusst werden – 5 **se prolonger** durer – 6 **indéfiniment** plus longtemps – 7 **fréquent** qui arrive plusieurs fois – 7 **un vertige** Schwindel – 9 **une fugue** le fait de quitter la maison des parents sans les informer – 9 **obséder** ne pas laisser tranquille – 10 **amener au sommeil** faire dormir – 13 **la tension** Blutdruck – 16 **la fièvre** la température élevée quand on est malade – 16 **un rhume** → enrhumé – 26 **appartenir à qn** être à qn – 26 **illuminé** allumé – 27 **sans relâche** sans arrêt

Il repartit par la rue de la Rep' jusqu'au centre commercial. Au moins, là, il faisait chaud.

Bientôt, il remarqua que d'autres jeunes zonaient comme lui, par grappes de trois ou quatre. Lui était tout seul de son espèce et il attirait leur attention. Il se fit encercler non loin du supermarché.

– T'as pas une carte téléphonique ? lui demanda un des gamins.

Ils n'étaient pas beaucoup plus âgés que lui, mais ils chassaient en meute. Louis se baissa et se faufila entre deux de ses agresseurs. Il courut et entra dans une boutique de téléphones. Le seul bruit du carillon lui fit du bien. La respiration encore hachée, il se mit à regarder les nouveaux modèles de portables sans se douter de l'effet qu'il produisait. Avec son look trop mode et son visage maussade, il éveillait les soupçons.

– Tu veux quelque chose ?

Étonné par la brutalité du tutoiement, Louis regarda le patron de la boutique.

– Non.

– Alors, dégage.

– Mais j'ai été entouré par des types qui voulaient me dépouiller et…

– C'est bon, on connaît. Tu sors ou j'appelle le vigile.

Louis regarda par la vitrine. Les voyous étaient partis. Il haussa une épaule et sortit.

Ses pas le portèrent jusqu'au fast-food. À présent, il était aux aguets. Il commanda un burger et s'aperçut en y mordant qu'il avait tendance à claquer des dents. Il avait froid, puis il avait

---

3 **zoner** *fam ici :* herumlungern – 4 **par grappes** par groupes – 5 **attirer** *ici :* retenir – 5 **se faire encercler** quand des personnes forment un cercle autour de qn – 10 **chasser** jagen – 10 **une meute** *ici :* un groupe de personnes qui en poursuit d'autres – 10 **se baisser** ≠ se lever – 10 **se faufiler** passer – 13 **la respiration** → respirer – 13 **haché** entrecoupé ≠ régulier – 15 **maussade** triste – 15 **éveiller les soupçons** Verdacht erregen – 21 **dégager** *fam ici :* sortir – 22 **être entouré** être encerclé – 23 **dépouiller qn** *ici :* voler les affaires de qn – 24 **un vigile** une personne qui surveille un quartier ou des maisons – 27 **être aux aguets** observer pour ne pas être surpris – 28 **mordre** *ici :* manger

chaud. Puis froid de nouveau. Il se carra contre le mur et laissa couler le temps. Vers midi, le restaurant devint bruyant. C'était l'heure des collégiens.

– Hé, Ludo !

5 Louis tressaillit. Des élèves de la 3e3 venaient d'entrer et, parmi eux, Ludovic Janson. Louis se leva, flageolant. À présent, le vertige devenait trou noir à chaque changement de posture. Quand les murs et le plancher eurent retrouvé leur place coutumière, Louis envisagea de gagner la sortie. Dans la 10 file d'attente, Ludovic hésitait entre Big-Mac et 280. Louis en profita pour s'esquiver.

Une fois de plus, la pluie le chassa vers le centre commercial. C'était donc ça, zoner. Traîner son ennui sur quelques mètres carrés, se coller aux vitrines, convertir les euros en francs pour 15 voir à quel point les objets exposés étaient inaccessibles, être délogé par des regards agressifs ou soupçonneux, puis revenir aux mêmes endroits, une heure plus tard.

– T'as pas un portable que j'envoie un texto ?

Louis s'était de nouveau fait coincer par trois gamins.

20 – Mais c'est bon, foutez-moi la paix !

Il chercha une issue, mais ils le serraient de près. L'un d'eux avança le front pour lui mettre le traditionnel coup de boule. Louis, qui se tenait voûté, se redressa brusquement et son assaillant cogna sa propre arcade sourcilière contre la 25 pommette de Louis. Plutôt raté. Un autre voulut lui faire une clef et lui attrapa le poignet pour le tordre dans son dos. Mais, de son bras encore libre, Louis lui envoya un formidable coup

---

1 **se carrer** s'installer – 2 **bruyant** → un bruit – 5 **tressaillir** avoir un mouvement soudain du corps à cause d'une émotion – 6 **flageolant** tremblant – 8 **une posture** une position – 8 **le plancher** Boden – 9 **coutumier** habituel – 9 **envisager** *ici :* penser – 10 **une file d'attente** Warteschlange – 11 **s'esquiver** partir sans être vu – 14 **convertir** changer – 15 **inaccessible** *ici :* trop cher – 15 **être délogé** être chassé – 16 **soupçonneux** misstrauisch – 18 **un texto** un SMS – 19 **coincer qn** jdn in die Enge treiben – 20 **foutre la paix à qn** *fam* laisser qn tranquille – 21 **une issue** une sortie – 22 **un coup de boule** *fam* un coup de tête – 23 **voûté** ≠ droit – 24 **un assaillant** un agresseur – 24 **cogner** frapper avec violence – 25 **une pommette** Backenknochen – 26 **une clef** *ici :* Hebel (Kampfsport) – 26 **tordre** drehen

de coude en plein visage et l'étendit raide sur le bitume. C'était la trouée inespérée. Louis partit en courant, poursuivi par les insultes les plus sales, le sang battant dans sa pommette. Il songea à Garance. Il aurait des choses à lui raconter, mardi. Il
5 se repassa le film de la bagarre au ralenti, la torsion du buste, le mouvement du coude haut levé. Il refit le geste et soudain une pensée le traversa. Il lui manquait quelque chose, quelque chose qui l'aurait embarrassé dans la bagarre. Son sac à dos.
  – Merde.
10 Il s'immobilisa sur le trottoir et répéta « merde ». Il avait oublié son sac au fast-food. Il y courut sans se faire beaucoup d'illusions. C'était un *Eastpak* en état neuf. Il n'y était plus. Les serveurs lui certifièrent qu'ils n'avaient rien ramassé. Au moment de quitter le restaurant, Louis aperçut son visage dans
15 un miroir* et la tache bleue qui le marquait.

De nouveau seul dans l'appartement familial, Louis commença par vider le porte-monnaie de sa sœur. Ses investissements publicitaires l'avaient ruiné et il lui fallait un nouvel *Eastpak*. Mentir, zoner, se battre, voler. Louis s'enfonçait dans la
20 délinquance. L'amateur de vodka pouvait aller se rhabiller.
  Louis s'examina dans la glace de la salle de bains et se souvint du coquard de Clara. Il ouvrit l'armoire de toilette de sa mère et chercha le fond de teint. Il en étala un peu sur sa pommette avec une éponge. Mais la délimitation entre zone
25 claire et zone hâlée attirait l'attention. Louis fit alors comme Fifi. Il se recouvrit tout le visage de fond de teint en croyant se donner une bonne mine. Mais les lumières de la salle de bains étaient flatteuses. Celle, plus crue, du plafonnier risquait de dévoiler l'artifice.

1 **un coude** Ellenbogen – 1 **étendre qn raide** *fam* jdn hinstrecken – 1 **le bitume**
Asphalt – 2 **une trouée** une sortie – 2 **inespéré** → espérer – 2 **poursuivre qn** courir
après qn – 5 **au ralenti** lentement – 8 **embarrasser** stören – 10 **s'immobiliser** stopper –
13 **certifier** assurer – 15 **une tache** Fleck – 19 **s'enfoncer dans qc** in etw versinken –
20 **la délinquance** la criminalité – 22 **coquard** *fam* Veilchen *fam* – 22 **une armoire
de toilette** Toilettenschrank – 24 **une éponge** Schwamm – 24 **une délimitation** une
limite – 25 **hâlé** ≠ clair – 28 **flatteur** *ici :* qui rend plus beau – 28 **cru** *ici :* vif – 29 **dévoiler**
montrer – 29 **un artifice** Trick

Au dîner, monsieur Feyrières posa des questions à sa femme sur son cours de secourisme. Il voulait paraître intéressé par sa récente émancipation. De temps en temps, il jetait un coup d'œil à Louis. Quelque chose le troublait. Il n'aurait su dire quoi. Madame Feyrières en était au bouche-à-bouche quand Floriane se souvint :

– Y a Ludovic qui est venu chercher sa sœur à l'école et il m'a dit de te dire…

Elle se tourna vers Louis et tout le monde le regarda :

– … qu'il pouvait t'amener les devoirs.

– M'amener les devoirs, répéta Louis sur un ton d'incompréhension.

Floriane fit la petite grimace de celle qui n'y peut rien si les autres sont des abrutis :

– C'est ce qu'il a dit.

– Tu fais faire tes devoirs par Ludovic ? Qu'est-ce que c'est, ce trafic ? questionna monsieur Feyrières.

– Qu'est-ce que tu as sur la joue, Louis ? remarqua soudain sa mère.

Louis para au plus pressé :

– Mais c'est rien. Je me suis battu.

– Tu t'es battu ! s'écria madame Feyrières. Où ça ? Qui ?

Louis entrevit le salut.

– Mais des types. Je les connais pas. Ils m'ont piqué mon sac. C'est pour ça que Ludo voulait me prêter ses livres pour les devoirs.

Les parents se regardèrent, abasourdis.

– Tu te fais attaquer et voler et tu ne dis rien !

– Ça change quoi ? bredouilla Louis.

– Il faut porter plainte, dit madame Feyrières. Prévenir le collège.

---

5 **le bouche-à-bouche** Mund-zu-Mund-Beatmung – 17 **un trafic** *fam ici :* une activité mystérieuse – 20 **parer au plus pressé** sich in einer brenzligen Situation um Schadensbegrenzung bemühen – 23 **entrevoir** deviner – 23 **le salut** Rettung – 24 **piquer** *fam* voler – 27 **abasourdi** incapable de dire un mot – 30 **porter plainte** aller à la police

– Mais ils sont pas du collège, s'affola Louis. C'est des types qui zonaient dans le centre commercial.

Monsieur Feyrières fit un effort pour suivre le film :

– Tu étais au centre commercial ?

5 – Oui… Non, pas moi ! Mais eux, ils y sont tout le temps.

Son père le regardait avec une attention de plus en plus crispée.

– Qu'est-ce… qu'est-ce que tu as sur la figure ?

Louis porta la main à sa joue.

10 – Mais c'est bon, j'ai un bleu ! Il a voulu me donner un coup de boule, il a eu plus mal que moi. Et l'autre, je l'ai étendu.

– Ouah, trop fort, dit Floriane, épatée.

Mais monsieur Feyrières tendit la main en direction du visage de Louis.

15 – Ça… Qu'est-ce que c'est ? Qu'est-ce que tu as mis sur ta figure ?

Louis s'essuya machinalement le visage, puis regarda ses doigts. Il avait suivi les recommandations de Fifi. Il en avait mis une bonne couche.

20 – Du fond de teint ! s'écria madame Feyrières.

– Pour soigner ! paniqua Louis. Euh, pour cacher. C'est l'infirmière.

– L'infirmière, répéta monsieur Feyrières, ahuri.

– Oui, l'infirmière du collège. Elle a mis de l'arnica. Mais 25 c'était affreux. Alors, j'ai une copine qui m'a mis du… du machin pour cacher. Cacher le bleu… l'arnica sur le bleu.

– Mais c'est n'importe quoi…

Un subtil instinct fraternel avertit Floriane qu'il lui revenait d'embrouiller définitivement les parents.

30 – C'est pas compliqué, papa. Louis a un bleu. L'infirmière, elle met de l'arnica. L'arnica, c'est jaune. Jaune et bleu, ça fait vert. C'est pas joli, du vert sur la figure. Alors, la copine de

---

7 **crispé** énervé – 11 **étendre qn** envoyer qn par terre – 12 **épaté** *fam* surpris mais plein d'admiration – 17 **machinalement** mécaniquement – 18 **une recommandation** un conseil – 23 **ahuri** stupéfait – 28 **fraternel** → le frère – 28 **avertir qn** informer qn – 29 **embrouiller** verwirren

Louis, elle met du marron pour cacher. C'est plus joli, ça fait bronzé.

Elle prononça cette dernière phrase sur le ton de « et voilà, l'incident est clos ». Monsieur Feyrières, qui sentait sa raison
5 vaciller, eut un nouveau sursaut de rage. Il tapa des deux poings sur la table :

– Va te laver immédiatement !

Dans la chambre à coucher, madame Feyrières, que Louis inquiétait, fit part de ses soupçons à son mari :
10 – La « copine de Louis », je crois que c'est cette Fifi.

– Il m'a promis de ne plus la revoir.

– Tu sais, les promesses, à cet âge... C'est sûrement cette petite coiffeuse qui a eu l'idée du rose dans les cheveux et du fond de teint. Tu ne crois pas ?
15 Monsieur Feyrières eut un lent hochement de tête. Un jour, il aurait cette explication avec Louis. Oui, il l'aurait.

---

4 **clos** terminé – 5 **vaciller** ≠ être stable – 15 **un hochement** → hocher

14

Le droit chemin

Ce mardi-là, Clara se préparait pour une nouvelle semaine au salon. Elle n'avait pas encore fixé la date de son
5 déménagement, mais elle avait hâte. Son petit deux-pièces lui rappelait trop de mauvais souvenirs : quand il avait amené deux « copains », quand il avait parlé de faire des photos, quand il l'avait frappée… Clara y repensait avec étonnement. Elle avait un moment cru au grand amour. Il disait s'appeler
10 « Fabe ». C'était, comme dans les raps, le gars en *Béhème* et *Coste-la*. Clara n'arrivait pas à s'avouer ce qui avait failli se passer. Ce n'était pas elle, ce n'était pas sa vie. C'était du cinéma. Sa vie, c'était *Maïté Coiffure*, Fifi, Garance et ce petit Louis, discret, élégant, à qui il ne manquait, pour être l'homme
15 dont elle rêvait, que six ou sept années.

Dès qu'elle fut dans la rue, elle se mit à marcher avec ce déhanchement énergique des filles habituées aux talons aiguilles. Fabe surgit à son côté sans qu'elle l'ait entendu venir.

– Salut, Clara.
20 Elle fit un écart comme un animal effrayé.

– S'cuse. Je t'ai fait peur ?

Il essayait de prendre sa voix de crooner. Mais l'exaspération faisait grincer ses cordes vocales.

– Je t'aime toujours, Clara, je pense qu'à toi.
25 – Laisse-moi. J'ai rien à voir avec toi.

Elle parlait tout en marchant vite, vite.

– T'as pas toujours dit ça. Tu m'as menti alors ?

---

8 **l'étonnement** *m l*a surprise – 10 **une Béhème** BMW – 11 **Costela** *verlan* Lacoste, une marque de vêtement – 17 **un déhanchement** Hüftschwung – 18 **surgir** apparaître – 20 **faire un écart** zur Seite springen – 22 **un crooner** *anglais* Schnulzensänger – 22 **l'exaspération** *f* l'état dans lequel on est quand on est énervé – 23 **faire grincer** produire un bruit haut et désagréable – 23 **les cordes vocales** *fpl* Stimmbänder

La voix se faisait déjà plus menaçante. Clara avait peur, vraiment peur. Chez cet homme, la bête affleurait. Il mit la main sur elle, brutalement.

– T'es ma feum. T'as couché.

5 Il disait cela comme le Diable viendrait réclamer son dû à celui qui a signé le pacte. Clara tira sur son bras pour se dégager. Mais il s'était agrippé dur.

– Oh, t'arrêtes ? Je vais te marav si t'arrêtes pas !

La haine qu'elle avait pour cet homme donna à Clara une 10 force insoupçonnée. Elle tira si fort sur son bras qu'il en fut déséquilibré et lâcha prise. Elle partit en courant. Elle n'avait que quelques pas à faire pour rejoindre une artère plus animée. Quand elle y fut, elle courut encore un peu, puis se retourna. Il ne l'avait pas suivie. Elle s'arrêta et porta une main à sa bouche 15 pour y ravaler un sanglot. Elle dut faire le reste du chemin en soutenant son bras gauche tant son épaule la faisait souffrir. Au salon, elle préféra garder le silence sur cette mauvaise rencontre, par crainte d'indisposer madame Maïté. Mais, chaque fois qu'elle devait soulever le bras gauche pour couper 20 ou coiffer les cheveux, elle pâlissait de douleur.

Il se trouva que ce mardi-là les clients étaient pressés. Fifi, dont ce n'était pourtant pas le tempérament, s'agaçait d'un rien. On lui avait pris ses ciseaux*, on ne fermait pas la porte des vécés, on ne nettoyait pas les bacs*. Pour finir, il s'en prit 25 à Clara :

– Mais tu t'actives un peu ! Je me paye tout, ce matin.

– Je te rembourserai demain.

– Ah, les blondes ! soupira Philippe en levant les yeux au ciel.

---

2 **affleurer** apparaître – 4 **une feum** *verlan* une femme – 5 **le Diable** Teufel – 5 **réclamer son dû** demander ce qu'on nous doit – 6 **se dégager** se libérer – 7 **s'agripper** se tenir fermement – 8 **je vais te marav** *arg* je vais te tuer – 10 **insoupçonné** incroyable – 10 **être déséquilibré** das Gleichgewicht verlieren – 11 **lâcher prise** lâcher – 12 **une artère** *ici :* une rue – 15 **ravaler un sanglot** éviter de pleurer – 16 **soutenir qc** etw stützen – 18 **indisposer** ne pas plaire – 20 **pâlir** devenir blanc – 21 **être pressé** ne pas avoir le temps – 22 **s'agacer** s'énerver – 24 **s'en prendre à qn** parler rudement à qn – 26 **qn se paye qc** etw bleibt an jdm hängen – 27 **rembourser** *ici :* wiedergutmachen

Louis aida Clara pendant une mise en plis*. À trois reprises, elle laissa échapper un bigoudi*, ce qui ne lui arrivait jamais.

– Je vais finir, lui dit-il à l'oreille.

Ce n'était guère réglementaire, mais ils se trouvaient sur
5 la mezzanine et la patronne ne les voyait pas. Clara fit croire à la cliente que Louis allait bientôt avoir une épreuve portant sur la mise en plis* et qu'il devait s'entraîner. Elle s'assit sur le tabouret et donna quelques conseils, d'ailleurs superflus, tant Louis l'avait observée.

10 – Clara, je vous envoie une coupe*! cria madame Maïté de son comptoir.

La coiffeuse eut un soupir de détresse. Un jeune homme auquel Garance venait de faire un shampooing* monta à l'étage. Clara commença la coupe*, mais Louis remarqua
15 qu'elle n'arrivait pas à tenir le peigne* d'une main et les ciseaux* de l'autre. Sans cesse, elle laissait retomber le bras gauche.

– Je vais faire la coupe*, murmura-t-il.

Le jeune homme était timide et n'osa pas protester. Louis se
20 tira fort bien d'affaire et laissa juste quelques finitions à Clara. Quand le client fut redescendu, Clara se pencha vers Louis et l'embrassa :

– T'es un type super.

Louis savait depuis le début qu'il pouvait protéger Clara.

25 – Tu viens acheter la bouffe? lui cria Garance du bas de l'escalier.

Elle n'aimait pas savoir Louis collé à Clara.

Quand ils furent dans la rue, la petite apprentie attaqua sec :

– C'est trop zarbi, ton histoire de grève. T'aurais dû trouver
30 autre chose.

Louis encaissa en silence, puis marmonna :

– Tant que ça marche…

---

6 **une épreuve** un examen – 8 **superflu** ≠ nécessaire – 12 **la détresse** Hilflosigkeit –
16 **sans cesse** toujours – 19 **oser faire qc** avoir le courage de faire qc – 20 **une finition**
→ finir – 25 **la bouffe** *fam* les choses à manger – 29 **zarbi** *verlan* bizarre – 31 **encaisser**
fam accepter

– Et si tes parents l'apprennent ?

– Mon père me tue.

Louis en semblait convaincu.

– C'est comme le mien quand il a appris que j'étais enceinte.

5 Il m'a dévissé la tête !

Louis lui jeta un regard stupéfait.

– T'en fais pas, j'ai avorté…

Elle lut sur le visage de Louis qu'elle aurait mieux fait de garder pour elle cet épisode de sa vie.

10 – Ouais, c'est moche, fit-elle avec une petite moue de regret.

Ils marchèrent un instant en gardant leurs distances.

– Mais qu'est-ce que tu vas faire ? le relança Garance.

– Rien.

– Tu crois pas que tu devrais retourner à l'école ?

15 – Je veux travailler.

Travailler. Travailler avec ses mains. À quatorze ans. Sur le moment, Garance ne trouva rien à répliquer. Elle avait fait tant de choses désastreuses en prétendant « déconner à mort ». Puis, l'après-midi passant, elle songea que Louis ne devait pas

20 continuer comme ça. Elle, oui. Mais Louis, non.

Jusqu'à dix-sept heures, le garçon soutint Clara, là-haut, sur la mezzanine. Il lui trouva de l'aspirine, lui fit du thé, lui massa l'épaule et travailla à sa place autant qu'il put. Puis il fila, la laissant un peu perturbée.

25 Au moment de partir à son tour, Garance s'approcha du comptoir.

– Madame Maïté, je voudrais vous dire un truc sur Louis.

– Oui ? fit la patronne, s'apprêtant à écouter quelque chagrin d'amour.

30 – Y a pas de grève à son collège. Il sèche les cours.

Madame Maïté ouvrit des yeux incrédules, puis effrayés.

---

3 **convaincu** sûr – 4 **être enceinte** attendre un enfant – 5 **dévisser la tête à qn** jdn erwürgen – 6 **stupéfait** surpris – 7 **avorter** ne pas garder volontairement un bébé – 10 **c'est moche** *fam* c'est triste – 10 **une moue** une grimace – 12 **relancer** demander – 18 **déconner** *vulg* dire et faire des bêtises – 28 **s'apprêter** être prêt – 30 **sécher les cours** ne pas aller en cours – 31 **incrédule** sceptique

– Tu es sûre ?

– Il me l'a dit.

– Mon Dieu !

C'était un choc. Ce petit Louis si gentil.

5 – Mais pourquoi… pourquoi il fait ça ?

– Il veut être coiffeur, répondit Garance avec l'air de trouver que c'était quand même une drôle d'idée.

– Mon Dieu ! répéta madame Maïté. Philippe ! Philippe !

Elle ne pouvait garder pour elle une telle émotion. Fifi, 10 que la mauvaise humeur n'avait guère quitté, s'approcha du comptoir.

– Quoi encore ?

– Fifi, c'est terrible. Le petit Louis… Il a menti. Il ne va plus à son collège.

15 Clara se pencha par-dessus la rambarde :

– Qu'est-ce que vous dites ?

Maïté Coiffure fit bloc autour de la patronne.

– Son père est très violent, prévint Garance. Il va se faire massacrer.

20 – Et sa maman ? s'interrogea Clara.

– D'abord, il faudrait parler à Louis, estima Fifi. Ça, je peux m'en charger.

– C'est plutôt à moi de le raisonner, dit madame Maïté. Il est venu chez moi, je suis responsable.

25 – Oui, mais moi je le comprends mieux, je suis quasi de son âge, fit valoir Garance.

– Il est toujours fourré avec moi, riposta Clara.

Personne ne voulait céder sa place. Madame Maïté regarda le registre des rendez-vous*.

30 – On a un trou demain, à 16 h 30.

Le lendemain, qui était un mercredi, Louis fit semblant de partir pour le club de tennis. À 14 heures, il était au salon.

---

17 **faire bloc autour de qn** entourer qn – 22 **se charger de qc** faire qc – 23 **raisonner qn** jdn zur Vernunft bringen – 26 **faire valoir** prétexter – 27 **être fourré avec qn** être près de qn – 27 **riposter** protester

– Bonjour, Louis ! firent Garance, Fifi, Clara et madame Maïté dans un bel ensemble.

Il tressaillit sans bien savoir pourquoi et alla mettre ses affaires au vestiaire. Comme la veille, il voulut aider Clara sur
5 la mezzanine. Mais, cette fois, elle le repoussa :

– J'ai moins mal, Louis, merci.

À 16 h 25, après le départ de mademoiselle Rapoport, Fifi afficha sur la porte le panneau « FERMÉ ». Clara descendit de son perchoir, Garance quitta le vestiaire et Louis se trouva
10 encerclé.

– On voudrait te parler, dit doucement madame Maïté.

Louis jeta un regard de reproche à l'apprentie.

– Pourquoi tu ne vas plus en cours ?

Louis serra ses mains l'une contre l'autre et les fit craquer.
15 – Je sais pas, souffla-t-il.

– Tu as de mauvaises notes ?

Il fit oui de la tête. Puis non. Ce n'était pas le problème.

– J'aime pas l'école.

Il étouffait, il vacillait, il voulait fuir, il avait honte, il
20 transpirait, il avait froid jusqu'au cœur. Garance eut pitié.

– C'est qu'il veut travailler dans la coiffure.

– Laisse-le parler ! lui ordonna madame Maïté.

– Et puis pour travailler dans la coiffure, faut quand même aller à l'école, observa Fifi.
25 Madame Maïté eut un soupir excédé. Elle voulait que le garçon s'explique.

– Louis, il faut parler.

Il se répéta : « parle, parle », mais les mots le fuyaient. Le trou noir se rapprochait. Une suée froide le recouvrit.
30 – Je vais… je vais…

Garance et Fifi eurent le même mouvement. Ils bondirent sur Louis et le soutinrent au moment où il allait s'évanouir. Quand

---

8 **un panneau** Schid – 8 **descendre de son perchoir** redescendre – 19 **étouffer** ne pas pouvoir respirer – 20 **transpirer** schwitzen – 29 **une suée** *fam* quand on transpire – 31 **bondir sur** sich stürzen auf – 32 **soutenir qn** éviter à qn de tomber – 32 **s'évanouir** in Ohnmacht fallen

il revint à lui, il se prit en pleine figure un jet du brumisateur. Il était allongé sur le carrelage et trois visages étaient penchés sur lui.

– T'en fais pas, Louis, ça va s'arranger.

5   Fifi l'aida à se redresser.

– Mon père, murmura-t-il.

– On va rien lui dire, promit Clara.

– Mais il faut que tu retournes au collège, ajouta Fifi. Si tu fais pas ta troisième, on voudra pas de toi en coiffure.

10   – Mais vous, vous voulez bien de moi ? sanglota Louis.

– Je n'ai pas le droit de te faire travailler, lui répondit madame Maïté. Tu as quatorze ans et tu n'es pas en apprentissage.

Le principe de réalité, c'était dur à faire entrer. Louis pleura, la tête sur les genoux. Puis s'apaisa.

15   – Bonne-Maman, dit-il, les yeux encore aveuglés par les larmes.

Si quelqu'un pouvait l'aider, c'était elle. Madame Maïté prit son téléphone.

– On va l'appeler. 02… Louis, son numéro ?

20   Elle essayait de paraître inflexible. Elle était bouleversée. Mais elle faisait ce qu'il fallait faire pour remettre dans le droit chemin le fils de monsieur Feyrières.

---

1 **en pleine figure** *fam* sur le visage – 4 **s'arranger** devenir mieux – 12 **un apprentissage** quand on apprend un métier – 14 **un genou** Knie – 14 **s'apaiser** se calmer – 15 **aveuglé** plein de – 20 **inflexible** qui ne change pas d'avis – 20 **bouleversé** troublé

15

L'engagement

Fifi vivait seul dans un studio presque vide, de vingt cinq mètres carrés. Il n'avait pas mis de rideaux aux fenêtres.
5 L'habitude d'être en vitrine.

Le lundi, il dormait jusqu'à midi. Mais, ce lundi, il était debout à neuf heures et demie. Il mit une chemise blanche, comme s'il allait travailler. Puis, passant dans sa minuscule salle de bains, il prit son fond de teint dans l'armoire de
10 toilette. Au moment de l'étaler, il se fit la réflexion que le dernier traitement dermatologique lui réussissait vraiment. Il approcha l'éponge de son front, hésita, s'examina sans fard. C'était presque supportable. Il referma le boîtier d'un petit geste sec. Il était énervé depuis quelque temps. Il regarda sa
15 montre.

– Merde, merde.

Il était en retard. Il avait rendez-vous à dix heures au collège Charles-Péguy.

Louis s'y trouvait déjà. Il avait eu du mal à passer le portail.
20 Il avait été absent pendant deux semaines et il craignait les questions.

– T'étais malade ? demanda Ludovic.

– Angine.

Ludovic gardait envers Louis une sourde méfiance.
25 Jusqu'alors, il avait cru le dominer. Meilleur au tennis, meilleur en classe, toujours en avance d'un gadget. Mais Louis plaisait aux filles. D'ailleurs, à ce premier cours de français, il s'assit à côté d'Anaëlle, une camarade plus âgée et un peu rebelle.

---

8 **minuscule** très petit – 11 **un traitement** Behandlung – 13 **supportable** acceptable – 13 **un boîtier** une petite boîte – 24 **envers** gegenüber – 24 **la méfiance** Misstrauen – 25 **dominer** être le meilleur – 26 **un gadget** *anglais* un objet à la mode plus ou moins utile

À plusieurs reprises pendant le cours, Louis croisa le regard de la prof. À l'interclasse, elle lui fit signe :

– Monsieur le principal vous attend pour dix heures. Pour le moment, je vous demanderai seulement de ne pas vous vanter
5 auprès de vos camarades de ce que vous avez fait.

– C'est clair.

La prof fronça les sourcils, n'étant pas trop sûre du sens que Louis donnait à cette expression.

– Qu'est-ce qu'elle te voulait ? lui demanda Ludovic dans le
10 couloir.

Il avait deviné que Louis avait des ennuis avec les autorités.

– Rien, répondit Louis.

– Faudra que tu rattrapes. On a *Le Horla* à lire pour vendredi.

Louis était décidément né sous une bonne étoile.
15 – Je l'ai lu. J'ai même fait le résumé.

À dix heures moins le quart, sur un signe de la prof de français, Louis rassembla ses affaires et quitta la salle de cours.

Pour aller chez le principal, il fallait emprunter l'escalier d'honneur tout en marbre, longer un couloir à la moquette
20 crème et frapper à la porte du secrétariat.

– Monsieur le principal va vous recevoir, dit la secrétaire. Asseyez-vous.

Les élèves convoqués avaient toujours droit à dix minutes d'attente. Cela leur permettait de comparer les mérites de la
25 retenue, de l'avertissement et du renvoi. Louis savait que le principal avait entre les mains une lettre dont sa mère et sa grand-mère avaient pesé chaque mot. Mais il ignorait que de son côté madame Maïté avait téléphoné.

– Vous pouvez y aller, lui signala la secrétaire.
30 Louis eut un vertige en se redressant, mais passager. Il s'avança vers le bureau. Il ne connaissait le principal que de

---

10 **un couloir** Gang – 11 **avoir des ennuis** *mpl* avoir des problèmes – 13 **rattraper** *ici :* étudier les sujets qu'on a manqué à l'école – 17 **rassembler** mettre ensemble – 18 **emprunter** prendre – 19 **le marbre** Marmor – 19 **longer** aller le long de – 20 **frapper** *ici :* donner un coup – 25 **une retenue** une colle – 25 **un avertissement** Warnung – 27 **peser** *fig* choisir après avoir beaucoup réfléchi – 30 **passager** de courte durée

vue. Il avait toujours fait partie de ces élèves sans flamme et sans histoires que l'administration peut ignorer.

– Entrez, monsieur Feyrières. Asseyez-vous. Alors, il paraît que mon collège est en grève ?

5 Louis se demanda s'il fallait sourire. Il s'assit sur le bord de la chaise. Le principal était un bel homme, qui lui faisait penser à son père. Il parut chercher quelque chose sur son bureau, déplaça des feuilles et retrouva la lettre de madame Feyrières.

– Il ressort des explications de votre mère que vous n'aimez 10 pas l'école. Trop abstraite, à votre goût… Vous m'en voyez désolé.

Louis aurait préféré une bonne engueulade à ce ton de persiflage.

– Beaucoup de jeunes sortent du système scolaire sans 15 diplôme et sans formation. Vous savez ce qu'ils deviennent ?

– Chômeurs, répondit Louis pour faire plaisir.

– Vous n'avez pas l'air très concerné.

Quand il était traqué, Louis bloquait ses émotions et paraissait indifférent. Il baissa la tête et fit craquer ses doigts. 20 On frappa à la porte.

– Oui, entrez.

Louis laissa échapper un soupir. Même quelques secondes de répit étaient bonnes à prendre.

– Excusez-moi, je… j'ai un peu de retard.

25 Louis poussa un cri de surprise. C'était Fifi.

– Je vous en prie, monsieur Loisel, c'est déjà très aimable à vous de prendre sur votre temps de congé.

Le principal montra Louis à Fifi :

– Vous reconnaissez votre « apprenti » ?

30 Le garçon s'était décomposé. Pourquoi Philippe était-il là ? Était-ce pour témoigner à charge, dire à quel point Louis avait

---

9 **ressortir de qc** aus etw hervorgehen – 10 **un goût** un avis – 12 **une engueulade** *fam* Anschiss – 13 **le persiflage** la moquerie – 16 **un chômeur** une personne qui ne trouve pas de travail – 18 **être traqué** in die Enge getrieben sein – 23 **un répit** un repos – 30 **se décomposer** sich verzerren – 31 **témoigner à charge** gegen jdn zeugen

berné tout *Maïté Coiffure* ? Fifi s'assit lui aussi sur le bord d'une chaise, pas vraiment à l'aise. Il était passé plusieurs fois par la case « conseil de discipline » pendant sa courte scolarité. Le principal s'adressa à Louis :

5 – Monsieur Loisel représente *Maïté Coiffure*.

Et soudain, Louis lut dans le regard du principal qu'il s'amusait.

– Il semblerait, monsieur Feyrières, qu'en dépit de vos mensonges vous ayez fait une très bonne impression chez
10 *Maïté Coiffure*.

– C'est un garçon très… très gentil, bredouilla Philippe. Et doué. Enfin, vous me comprenez ?

– Pour la coiffure ? questionna le principal.

– Absolument.

15 Louis eut un sourire furtif.

– Ça vous plaît, la coiffure, Louis ? demanda le principal.

– Oui… Oui, monsieur.

Il se redressa et le regarda bien dans les yeux.

– Vous voulez travailler, c'est ça ?

20 – Oui, monsieur.

– À quatorze ans ?

– Oui, monsieur.

Le principal essayait de garder un air imposant. Il était conquis. En quelques secondes, il avait compris que Louis
25 appartenait à la race de ceux qui s'embarquaient à quinze ans sur des baleiniers.

– J'ai une proposition à vous faire, dit-il en tendant la main vers Philippe. Vous avez pensé au contrat ?

– Oui, monsieur, répondit Fifi sur le même ton que Louis.

30 Il sortit un papier de sa poche et le posa sur le bureau.

– Ceci, dit le principal en agitant le papier, ceci est un contrat, monsieur Feyrières. Vous voulez que je vous le lise ?

---

1 **berner** hintergehen – 3 **un conseil** *ici* : Ausschuss – 8 **en dépit de** trotz – 15 **furtif** rapide – 23 **être conquis** être séduit – 25 **s'embarquer** *ici* : anheuern – 26 **un baleinier** Walfängerschiff

Louis, hypnotisé par le papier à en-tête de *Maïté Coiffure*, se contenta d'acquiescer.

– Il est stipulé que « *Monsieur Louis Feyrières s'engage à se rendre au collège Charles-Péguy…* ».

5 Le principal regarda autour de lui et murmura :

– Je crois que c'est ici… « *au collège Charles-Péguy aux horaires prévus par son emploi du temps. En contrepartie, le salon Maïté Coiffure s'engage à assurer son apprentissage dans la coiffure les mercredi et samedi après-midi.* » Vous êtes libre,
10 Louis. Mais si vous signez ce contrat, il faudra l'honorer sans défaillance jusqu'à la fin de l'année scolaire. Si, au bout du compte, tout le monde est content de vous et si c'est toujours votre souhait, vous pourrez faire une demande d'orientation en lycée professionnel et préparer un CAP dans la coiffure.

15 – Maman est au courant ?

– J'ai l'accord de vos parents.

Louis cilla. Cette fois, c'était sa mère qui avait menti. Monsieur Feyrières n'était sûrement pas au courant.

– Je peux vous emprunter un stylo, monsieur ?

20 – Prenez le temps de relire votre engagement.

Le garçon relut, data et signa. Puis Philippe fit de même en tant que représentant de *Maïté Coiffure*. Le principal se leva :

– Il va falloir rattraper vos deux semaines d'absence, Louis. Je compte sur vous ?

25 – C'est clair.

Ils se serrèrent la main.

Philippe revint chez lui très content, mais avec un pincement au cœur. Louis avait de la chance, il trouvait sur sa route des gens capables de le comprendre, de le soutenir. À quatorze

---

1 **un en-tête** Briefkopf – 3 **être stipulé** être fixé par contrat – 3 **s'engager** sich verpflichten – 7 **prévu** déjà organisé – 7 **en contrepartie** als Gegenleistung – 8 **assurer** garantir – 10 **honorer** *ici :* remplir – 10 **sans défaillance** scrupuleusement – 11 **au bout du compte** à la fin – 15 **être au courant** être informé – 17 **ciller** clinger des yeux – 24 **compter sur qn** sich auf jdn verlassen – 26 **se serrer la main** se donner la main – 27 **un pincement** Stich

ans, Philippe était allé à la dérive. Personne n'avait cru en lui, personne ne l'avait aidé. À quinze ans, il était tombé amoureux d'un camarade de classe, beau, talentueux, inaccessible. Manfred. Et sa vie s'était arrêtée.

5 Louis rentra à la maison, le cœur plein de fortes résolutions. Mais il avait un réel retard à combler, et au bout d'une heure passée à son bureau devant son livre de maths puis son manuel d'anglais, il sentit qu'il perdait déjà pied. Tout en répétant les verbes irréguliers, il se mit à jouer avec les ciseaux* de coupe*
10 que lui avait offerts *Maïté Coiffure*. D'abord, il se piqua le dos de la main avec la pointe, puis il fit claquer les lames, enfin il découpa machinalement des bandes de papier. « *To cut, I cut, cut.* »

– Tu fais quoi ?

15 Sa sœur venait de passer la tête par l'entrebâillement de la porte.

– Tu trouves pas que ta frange* est trop longue ? lui demanda Louis.

Il la lui coupa en imitant le mouvement de piquetage cher à
20 Fifi. Floriane alla s'admirer dans le miroir* de la penderie.

– Trop trop bien.

– Tu dis rien aux parents.

La modification était discrète et pouvait passer inaperçue.

– Tu veux que je fasse un carré dégradé* à ta Raiponce ?

25 Floriane sentit qu'elle allait le regretter. Mais Louis faisait claquer ses ciseaux* avec impatience. Et Floriane sacrifia Barbie.

– À table ! appela madame Feyrières.

Elle vit tout de suite la frange* effilée* de sa fille et jeta un
30 regard désolé à son fils. Il faudrait lui confisquer ses ciseaux*. Ça tournait à l'idée fixe.

---

1 **aller à la dérive** être sur le point de quitter le droit chemin – 3 **inaccessible** qu'on ne peut avoir – 6 **combler** rattraper – 8 **perdre pied** *fig* ne plus comprendre de quoi il s'agit – 10 **se piquer** sich stechen – 11 **une lame** Klinge – 15 **un entrebâillement** une ouverture – 23 **une modification** un changement – 23 **inaperçu** → apercevoir – 26 **sacrifier qc** etw opfern – 30 **confisquer** prendre

– J'ai déjeuné avec Janson, ce midi, dit monsieur Feyrières. Figure-toi qu'il va mettre son fils à Saint-Paterne, l'an prochain.

C'était un lycée privé très coté.

5 – Il m'a conseillé d'en faire autant pour Louis. Leurs résultats au bac sont excellents et ils ont des classes préparatoires.

– Préparatoires à la coiffure ? demanda Floriane.

– Ne sois pas sotte, dit sa mère en lui faisant les gros yeux. Les classes préparatoires, c'est pour Polytechnique.

10 – Pas seulement, rectifia son mari. Et même si on échoue aux concours des grandes écoles, une ou deux années de prépa, ça fait vivre dans une atmosphère de surchauffe intellectuelle, ça apprend à repousser ses limites de travail, ça…

Louis arrondissait le dos en face de lui. Il fut pris d'un doute.

15 – Qu'est-ce que ça donne, tes notes, en ce moment ?

– Rien.

– Comment ça, « rien » ! Tu as bien des notes ?

Louis ne répondit pas.

– Va me chercher tes derniers devoirs ! hurla son père.

20 – Mais qu'est-ce qui te prend ? s'affola sa femme. Tu ne t'en occupes jamais…

– Eh bien, j'ai tort, si c'est ce que tu veux m'entendre dire.

Louis ne bougeait pas. Il ne savait pas s'opposer. Mais il pouvait résister. Monsieur Feyrières fit un effort pour se 25 calmer.

– Si je me souviens bien, ta quatrième a été moyenne. La troisième est une classe décisive parce qu'il y a déjà des aiguillages et des voies de garage.

Floriane savait que son frère ne voulait pas faire garagiste.

---

2 **figure-toi** ob du's glaubst oder nicht! – 4 **coté** renommé – 6 **les classes préparatoires** Vorbereitungszeit für die Aufnahmeprüfung zu einer der Eliteschulen – 9 **Polytechnique** Elitehochschule insbesondere für das Ingenieurswesen – 10 **échouer** ne pas passer – 11 **un concours** un examen pour être admis – 12 **la surchauffe** ici : rege Auseinandersetzung – 13 **repousser ses limites** aller au-delà de ses limites – 14 **arrondir le dos** faire le dos rond – 22 **avoir tort** ≠ avoir raison – 26 **moyen** ni bon ni mauvais – 27 **décisif** → décider – 28 **un aiguillage** Weichenstellung – 28 **une voie de garage** fig un futur qui ne permet pas de carrière

– Et des voies de coiffure, y en a ?

– Tu vas nous emmerder encore longtemps avec ta coiffure ? s'écria monsieur Feyrières.

Il ne prononçait jamais de grossièreté. C'était vraiment
5 le signe qu'il ne se contrôlait plus. Les yeux de Floriane s'emplirent de larmes. Très digne, elle posa sa serviette en plein dans son assiette de soupe et sortit de table. Monsieur Feyrières la suivit du regard, stupéfait.

– Mais qu'est-ce qu'elle fait ? Floriane, reviens te mettre à
10 table ! On ne parlait pas de toi…

Il supportait mal d'avoir heurté sa petite fille. Mais pour Louis, c'était la brèche par où fuir. Il posa à son tour sa serviette et se leva de table.

– Louis, rassieds-toi ! Louis ! Mais c'est n'importe quoi !
15 Il se tourna vers sa femme :

– Si Louis a de grosses difficultés, il fallait m'en parler.

Madame Feyrières étouffa un soupir. Comment parler avec quelqu'un qui a déjà tout décidé ?

– C'est plutôt en français ou en mathématiques ?
20 – Les deux, répondit madame Feyrières.

– Janson m'a dit que Ludovic avait eu des problèmes en espagnol, l'an dernier. Il a fait appel à Cours Études Secours. Ils sont très bien. C'est cher, mais on a les moyens. Louis n'a qu'à prendre des cours de français, le mercredi à la place du tennis,
25 et des cours de maths, le samedi après-midi.

Madame Feyrières ouvrit la bouche pour protester, mais s'aperçut au même moment qu'elle ne pouvait pas parler de *Maïté Coiffure*. Sur quelle pente savonneuse s'était-elle engagée ?
30 – Ne t'en fais pas, lui dit son mari. Je vais m'occuper de tout.

---

2 **emmerder qn** *arg* énerver qn – 4 **une grossièreté** *ici :* un mot argotique ou vulgaire –
6 **s'emplir de larmes** être sur le point de pleurer – 6 **digne** würdevoll – 11 **heurter**
choquer – 12 **une brèche** une possibilité – 28 **une pente savonneuse** *ici : fig* une
situation qui devient de plus en plus difficile

Le mardi matin, Fifi se prépara pour aller travailler, chemise blanche et fond de teint. Au moment de franchir la porte, il se rendit compte que son répondeur téléphonique était resté allumé depuis la veille. L'œil rouge lui signalait un message.

5 Il appuya sur un bouton et entendit une voix hachée qui s'arrachait ses mots :

– Monsieur Loisel ? C'est la mère de Manfred. Je sais que vous l'aimiez beaucoup. Il… est mort, ce matin. Il… avait arrêté son traitement. Je… voulais vous prévenir.

10 Fifi s'était immobilisé pour écouter. Un jour ou l'autre, ça devait arriver. Pourquoi ce jour-là ?

– L'enterrement aura lieu ce vendredi à dix heures à l'église Saint-Paterne.

Philippe pensa : « Je peux m'asseoir, je peux pleurer. Je peux 15 penser à Manfred. À notre dernier défilé. Je peux téléphoner au salon, dire que je suis malade. » Il s'aperçut qu'il pleurait déjà. Il alla dans la salle de bains et se passa le visage sous l'eau. Le lavabo se teignit d'ocre. Le fond de teint s'en allait avec les larmes.

20 Comme un somnambule, Philippe ouvrit sa penderie, il défit sa chemise blanche en jetant un regard irrité vers sa fenêtre nue. Il y mettrait des rideaux. Puis il déplia une chemise noire.

Il irait travailler. En deuil et délivré. Il lui semblait avoir quatorze ans et la vie commençait.

---

3 **un répondeur** Anrufbeantworter – 5 **appuyer** drücken – 12 **un enterrement** la cérémonie que l'on célèbre quand qn meurt – 18 **un lavabo** Waschbecken – 18 **se teindre** se colorer – 18 **ocre** brun jaune ou brun rouge – 20 **un somnambule** Schlafwandler – 21 **irrité** énervé – 22 **déplier** ouvrir – 23 **un deuil** Trauer – 23 **délivré** rendu libre

16

Apprentissages

Philippe prit très à cœur son rôle de formateur. Dès le premier mercredi officiel d'apprentissage pour Louis, il appela
5 fréquemment le garçon auprès de lui.

– Louis, viens voir !

Louis s'installait sur le tabouret à roulettes et regardait Philippe, tout en laissant ses mains travailler dans le vide. Et c'était :
10 – Tu vois, je fais la nuque courte aux ciseaux* sur peigne* en remontant…

Ou bien :

– Cette fois, je fais le brushing à la brosse* ronde en rebiquant les pointes*.
15 Louis avait des impatiences dans les mains. Il tressautait sur son tabouret. Cela faisait rire Philippe.

– Tiens, essaye. Cela ne vous ennuie pas, mademoiselle ? Il est très doué.

Chaque fois que Louis se lançait, Philippe semblait épaté.
20 – J'ai jamais vu ça. Je vous jure, madame Maïté, jamais.

La patronne confirmait. Elle en avait vu passer, des jeunes, mais un comme celui-là, jamais. Clara avait une spécialité de coloriste. Louis la rejoignait de temps en temps sur la mezzanine. Et c'était :
25 – Je fais juste un balayage* « coup de soleil » sur les mèches de recouvrement*.

Ou bien :

– On va faire des mèches* rouges très fines sur la base foncée.

---

3 **un formateur** une personne qui montre le métier à un apprenti – 5 **fréquemment** souvent – 15 **tressauter** trembler – 22 **avoir une spécialité de coloriste** aufs Färben spezialisiert sein

Parfois elle laissait le pinceau* ou les gros rouleaux* à Louis et le surveillait en prenant son thé.

– T'auras plus rien à apprendre pour le CAP, bougonna Garance. Tu vas t'emmerder.

5 – Ne sois pas grossière, Garance, la reprit Clara.

– Gnagnagna. En attendant, je me tape tout le sale boulot.

Ce qui était assez vrai.

– Tous ces vieux qui te tournent autour, c'est pas croyable ! ronchonna Garance en entraînant Louis jusqu'à la briocherie.

10 Fifi qu'en peut plus tellement t'es extraordinaire ! L'autre grosse qui te couve comme si t'étais à elle !

Garance était amoureuse. Pour une fois, ce n'était ni d'une brute ni d'un crétin. Elle aimait Louis Feyrières, un garçon bien élevé, aux longs yeux doux et au mutisme énigmatique.

15 Mais Garance avait dans la tête un grand point d'interrogation. Louis aimait-il les filles ? Les garçons attirés par la coiffure l'étaient rarement par les coiffeuses.

– T'es amoureux de Clara, hein ?

– Non.

20 Louis aurait pu nuancer. Il voulait protéger Clara. Mais c'était un peu difficile à faire comprendre.

– De toute façon, à quatorze ans, t'as aucune chance. Tu prends quoi ?

Ils étaient dans la file d'attente de la briocherie.

25 – Un pain au choco.

Pour passer le temps, Garance glissa la main sous le blouson de Louis. Son unique chemise blanche étant à la lessive, Louis portait un simple tee-shirt sur son pantalon. C'était le genre de détail qui n'échappait pas à l'œil expert de Garance. Louis

30 se cambra brusquement. Il venait de sentir une main glacée glisser le long de ses reins. Il prit une profonde inspiration.

---

2 **surveiller** observer avec attention – 4 **s'emmerder** *arg* s'ennuyer – 5 **grossier** grob – 6 **gnagnagna** *fam* ok, ok, ok – 6 **se taper** *fam* se faire – 8 **croyable** → croire – 9 **ronchonner** grogner – 11 **couver** *ici : fig* umhegen – 13 **un crétin** un idiot – 14 **le mutisme** ≠ le bavardage – 14 **énigmatique** mystérieux – 27 **unique** seul – 30 **se cambrer** ein Hohlkreuz machen – 30 **glacé** très froid – 31 **profond** tief

– Et… et toi, tu veux quoi ? bredouilla-t-il.

Elle approcha sa bouche de son oreille et lui chuchota une obscénité. Elle pensait le faire rire. Louis détourna la tête. Elle retira sa main, doutant de plus en plus de sa virilité.

5 Louis éprouvait un plaisir particulier à pousser la porte de *Maïté Coiffure*, à faire tinter le carillon, puis à se laisser pénétrer par toutes les odeurs plus ou moins toxiques des laques*, des colorants* et des shampooings traitants*. Il aimait passer de l'air vif des rues à la moiteur vénéneuse du salon.

10 *Maïté Coiffure*, c'était son île.

– Faudrait des plantes vertes ici et là, dit-il à madame Maïté en pointant du doigt deux emplacements vides.

– Tu crois ?

– Oui, et il faudrait un éclairage plus fort en vitrine. Comme

15 un soleil.

La patronne ne l'intimidait plus du tout. Il lui parlait sur un ton d'autorité qui rappelait celui de son père. Il y avait une raison à tant d'assurance. Louis avait pris toute la place dans la vie déserte de madame Maïté.

20 – Philippe ! Philippe ! Vous entendez ce que dit Louis ? Il faudrait mettre des plantes vertes ici et là…

– Excellent.

Garance soulevait rageusement les mèches* de cheveux avec son balai. Allaient-ils finir de bêtifier avec ce garçon même pas

25 capable de sauter une fille ?

Louis monta à la mezzanine et examina les outils de Clara en les sortant un à un du tiroir : les ciseaux* sculpteurs tout dentés, le rasoir* se dépliant comme un canif, le peigne démêloir*, le peigne de coupe*, le peigne* afro…

---

4 **retirer** enlever ≠ laisser – 4 **la virilité** Mannhaftigkeit – 5 **éprouver** sentir – 7 **pénétrer** durchdringen – 9 **la moiteur** Feuchtigkeit – 9 **vénéneux** giftig – 11 **une plante** Pflanze – 12 **pointer du doigt** montrer – 12 **un emplacement** un endroit – 14 **un éclairage** qc qui illumine un endroit – 16 **intimider** impressionner – 18 **l'assurance** f *ici :* Selbstbewusstsein – 23 **rageusement** ≠ calmement – 24 **bêtifier** *fam* parler comme à un enfant – 25 **sauter qn** *vulg* avoir des relations sexuelles avec qn – 28 **se déplier** s'ouvrir – 28 **un canif** Klappmesser

– Je vais m'acheter tout ça, dit-il.

– Tu as de l'argent ?

– Non.

Il baissa la voix :

5 – Un jour, je serai riche et je rachèterai le salon avec la maison à côté. Pour agrandir.

Clara lui jeta un regard inquisiteur.

– Et moi, tu me mettras dehors ?

Elle venait d'emménager au premier étage, chez madame 10 Maïté.

– Je t'achèterai un autre salon, répondit-il avec un rire un peu niais.

Puis il descendit lestement l'escalier. Il se cogna contre Garance.

15 – Oh, toi, dit-elle en le bourlinguant.

Il alla se réfugier auprès de madame Maïté et, appuyé au comptoir, il lui demanda sur un ton de tendresse filiale :

– C'est quoi, la TVA ?

Quand le cours de comptabilité fut terminé, Louis alla 20 chercher son blouson au vestiaire. Garance, qui s'y trouvait déjà, le plaqua contre le mur, au milieu des cintres et des blouses. Elle souleva son tee-shirt pardevant, mettant son ventre à nu, se serra contre lui, puis glissa les mains sous la ceinture du pantalon, dans la cambrure des reins et au-delà. 25 Elle chercha ses lèvres, tandis que Louis, en silence, tournait la tête de côté et d'autre pour lui échapper. Elle le relâcha en chuchotant, furieuse :

– T'es pas un mec.

Elle attrapa son blouson et l'enfila.

30 – J'y vais, madame Maïté ! lança-t-elle sans se retourner.

---

7 **inquisiteur** curieux – 9 **emménager** ≠ déménager – 12 **niais** idiot – 13 **lestement** leichtfüßig – 13 **se cogner contre qn** mit jdm zusammenstoßen – 15 **bourlinguer** ici : attraper – 16 **se réfugier** Zuflucht suchen – 17 **filial** d'un fils – 19 **la comptabilité** Buchführung – 21 **plaquer qn contre qc** jdn gegen etw drücken – 24 **la cambrure** → se cambrer – 26 **échapper** fuir

Elle marcha sans bien voir où elle allait, cherchant dans ses poches son paquet de cigarettes. Mais elle l'entendit venir derrière elle.

– Garance ?

5 Il avait couru. Il marcha à sa hauteur sans rien dire.

– On t'a coupé la langue avec le reste ? lui demanda Garance.

Il ricana. Garance ne parvenait pas à le vexer. Lentement, il glissa ses doigts dans la main de la jeune fille. « J'y comprends rien à ce type », songea-t-elle en refermant brutalement la 10 main. Louis tressaillit et fit mine de vouloir se dégager. Alors elle desserra l'étau et tous deux emmêlèrent leurs doigts. Puis ils marchèrent jusqu'à la rue de Bourgogne. Au bas de son immeuble, Louis effleura les lèvres de Garance en détournant pudiquement les yeux.

15 – T'es vraiment pas comme les autres, Louis.

– Non.

Il referma la porte sur lui, laissant Garance naufragée.

– Il me tue, ce mec !

Ce soir-là, Louis était tellement absent pendant le repas qu'il 20 avait l'air de nourrir quelqu'un d'autre.

– C'est agréable, remarqua monsieur Feyrières. On dîne avec un zombie.

Dans la tête de Louis, une implacable petite machine continuait de tourner. Il lui fallait des outils de coiffure, les 25 mêmes que ceux de Clara, et sans délai. L'argent qu'il avait pris à sa sœur n'y suffirait pas. Il devait trouver une autre victime. Au dessert, il eut une illumination. Bonne-Maman !

– Mais qui voilà ! s'écria la vieille dame en apercevant Louis sur le palier, le lendemain. T'as pas de problèmes, mon chéri ?

30 – Pas tout le temps, plaisanta Louis.

---

10 **faire mine de** faire semblant de – 11 **desserrer l'étau** serrer moins fort – 11 **emmêler qc** etw verschränken – 13 **effleurer** toucher légèrement – 14 **pudiquement** verschämt – 17 **naufragé** perdu – 23 **implacable** unerbittlich – 25 **sans délai** tout de suite – 27 **une illumination** *ici :* une idée

Mais il était sur des charbons ardents et sautillait d'un pied
sur l'autre.
– Qu'est-ce que tu as encore ?
– Il me faut de l'argent.
5 – Pour ?
– Acheter des ciseaux*.
– Mais tu en as.
– D'autres. Et des peignes* et un rasoir*.
Bonne-Maman était compréhensive, mais c'était quand
10 même une grande personne.
– T'as pas besoin de tout ça.
– Si.
– Non. Tu n'ouvres pas un salon de coiffure.
– Mais j'ai besoin de mes outils personnels.
15 – Non.
– Si.
– Quelle tête de pioche ! Apprends déjà à te servir des
ciseaux* qu'on t'a donnés.
– Je sais.
20 – Ça m'étonnerait.
Il sortit les ciseaux* de la poche de son blouson.
– Je peux te rafraîchir ta coupe* ?
– Jésus Marie !
– D'abord, ta mèche sur le front, ça fait vieux.
25 – Pas du tout, c'est pour cacher mes rides.
– Ça fait vieux.
– Non.
– Si.
Bonne-Maman regarda son petit-fils avec étonnement. Elle
30 ne lui connaissait pas cette obstination.
– Eh bien, vas-y, montre ce que tu sais faire.
Elle alla chercher une serviette, se mouilla* les cheveux et
s'assit sur un tabouret dans la cuisine.

---

1 **être sur des charbons ardents** auf glühenden Kohlen sitzen – 17 **une tête de pioche**
fam Dickschädel – 17 **se servir de** benutzen – 25 **une ride** Falte – 30 **l'obstination** f
Sturheit – 32 **une serviette** Handtuch

– Mais tu vas voir tes fesses si tu me loupes !

Louis sourit à peine de la menace. Il était déjà projeté dans les gestes qu'il allait faire. En silence, mordillant l'intérieur de ses lèvres, engageant tout le corps, puis se reculant pour juger
5 de l'effet, il prit le risque de modifier la coupe* de cheveux que Bonne-Maman arborait depuis une vingtaine d'années. Quand il eut fini le séchage*, il eut une grimace d'appréhension. Sa grand-mère lui fit les gros yeux pour rire et se dirigea vers le miroir* du salon.
10 – Mais qu'est-ce que tu as fait ? s'écria-t-elle en passant la main dans ses cheveux. J'ai l'air de… J'ai l'air d'une…

Elle se regarda attentivement.

– J'ai l'air moins vieux.

Louis acheta ses outils. Fifi lui prêta une tête de plastique
15 blanc pour s'entraîner sur de vieilles perruques. La chambre du garçon se transforma en salon de coiffure pour le plus grand bonheur de sa petite sœur. Madame Feyrières aperçut le chantier en poussant la porte.

– Louis, mais tu es fou ! Range tout ça.
20 – Mais, maman, c'est trop bien, protesta Floriane.

Elle avait un balai à la main.

– Louis, c'est le patron. Et moi, je suis l'apprentie !

---

1 **voir ses fesses** *fam* den Hintern versohlt bekommen – 1 **louper qc** *fam* mal faire qc –
4 **juger de** voir – 5 **modifier** changer – 6 **arborer** garder, avoir, porter – 7 **l'appréhension**
f la peur – 18 **le chantier** *ici :* le désordre

17

L'explication

Monsieur Feyrières, égal à lui-même, avait été d'une totale efficacité. Il avait trouvé un professeur de français pour le
5 mercredi de 14 à 16 heures et une étudiante en math sup pour le samedi de 15 à 17 heures. Ayant tout réglé, il s'aperçut qu'il avait oublié d'avertir l'intéressé. Fin psychologue, monsieur Feyrières supposa que Louis allait se rebeller à cause de la suppression du club de tennis. Mais l'idée d'un bras de fer avec
10 son fils n'était pas pour lui déplaire.

Ayant dû opérer tout le samedi matin, monsieur Feyrières fit un saut chez lui dans l'après-midi, pensant y trouver Louis.

– Ah non, il... il est au cinéma, mentit madame Feyrières.

– Tu ne crois pas qu'il a mieux à faire ? grommela son mari.
15 Contrarié de devoir reporter son explication, il entra tout de même dans la chambre de Louis pour y déposer le dossier d'inscription à Cours Études Secours. Il n'entrait jamais dans cette chambre. Il fut étonné de la trouver parfaitement en ordre. Mais il aperçut sur le lit deux magazines aux couvertures
20 glacées. Sur l'une d'elles, il y avait une jeune fille en déshabillé. Monsieur Feyrières, agacé, soupçonna quelque lecture dégradante. Il s'approcha du lit et attrapa le magazine. *100 % coiffure ! Toute la mode de l'année.*

– Qu'est-ce que c'est que ça ? marmonna-t-il.
25 Il se baissa et s'empara de l'autre magazine. *Mondial coiffure : les grands créateurs nous disent tout !* Il feuilleta le magazine qui semblait à destination des professionnels de la

---

4 **l'efficacité** *f* Wirksamkeit – 9 **la suppression** ≠ la continuation – 9 **un bras de fer** Kraftprobe – 11 **faire un saut** passer – 15 **reporter** remettre à plus tard – 15 **une explication** *ici :* une discussion – 16 **un dossier d'inscription** Anmeldeunterlagen – 19 **une couverture glacée** Hochglanzeinband – 20 **un déshabillé** un négligé – 21 **agacé** énervé – 22 **dégradant** mauvais – 25 **s'emparer de** prendre

coiffure. Avec un ricanement, il rejeta les deux publications sur le lit et regarda autour de lui.

Peu à peu, des détails qu'il avait ignorés prirent leur signification. Sur le bureau de Louis, il y avait deux paires
5 de ciseaux* qui n'étaient pas d'écolier. Sur la table de chevet traînait près du réveil un tube de gel coiffant*. Pris d'une peur inexplicable, monsieur Feyrières se mit à ouvrir les tiroirs du bureau. Il y vit des peignes* bizarres, un rasoir*, des échantillons de produits colorants, des pinces* à cheveux, des
10 bigoudis* ! La peur se muant en colère, monsieur Feyrières alla ouvrir la penderie et poussa un cri de stupeur. Sur la pile des pull-overs, il y avait la tête recouverte d'une perruque. D'autres perruques étaient entassées par-dessus les tee-shirts. Un craquement fit se retourner monsieur Feyrières.
15 – Tu regardes les affaires de Louis ? fit une petite voix.

Monsieur Feyrières jeta un regard angoissé à sa fille.

– Tu es au courant ? C'est pour quoi faire, tout ça ?

– C'est pour son métier de coiffure.

– Ah ? Pour son…
20 Sa voix s'éteignit. C'était un complot. Tout le monde complotait dans son dos. Sa femme lui échappait, son fils lui mentait.

– Qu'est-ce qu'il y a ? s'inquiéta Floriane.

– Rien, rien…
25 Monsieur Feyrières lui sourit et referma les portes de la penderie.

– Moi aussi, je veux faire coiffure.

– Mais bien sûr, dit son père en la poussant vers la sortie. D'ailleurs, tout le monde veut faire coiffure ici, ta mère, moi !
30 – Ah bon ? s'étonna Floriane.

– Va dans ta chambre ! lui cria son père en approchant d'elle son visage enflammé par la colère.

---

1 **un ricanement** un rire pour se moquer – 3 **prendre signification** prendre sens –
5 **une table de chevet** une table basse près du lit – 6 **un réveil** Wecker – 10 **se muer**
se transformer – 11 **la stupeur** une très grande surprise – 11 **une pile** un ensemble
d'objets posés les uns sur les autres – 13 **entassé** angehäuft – 32 **enflammé** rouge

Lui se précipita dans la sienne et resta un moment paralysé par ce qu'il ressentait. Cette rage incroyable, cette envie de tout casser. Il s'était construit seul, il venait de loin, il était orphelin, il avait réussi à force de sacrifices, il avait voulu le meilleur pour
5 sa famille. Et les siens le trahissaient, ils se cachaient de lui. De qui était-ce la faute ? Il se raccrocha à un nom. Fifi. Cette fille avait perverti son gosse.

– *Maïté Coiffure*, murmura monsieur Feyrières.

Il venait de retrouver le nom du salon de coiffure où Louis
10 avait fait son stage. Il ouvrit sa penderie, fouilla les poches de ses vestons et retrouva le prospectus : « *10 % de remise sur présentation de ce bon* ».

– Rue de la Cerche…

Il irait là-bas, il dirait à cette Fifi de laisser son fils.

15 – Ah, tu es là ? Je te cherchais…

C'était sa femme. Il mit le prospectus en boule dans le fond de sa poche de pantalon.

– Ça ne va pas ?

Madame Feyrières lisait quelque chose d'étrange dans le
20 regard de l'homme en face d'elle.

– On vient de m'appeler… sur mon portable. On a besoin de moi.

Madame Feyrières eut un soupir compatissant.

– Ils ne te laisseront jamais ton samedi.

25 Monsieur Feyrières secoua la tête avec résignation. Il ne voulait pas affronter sa femme. Non, il voulait s'expliquer avec Louis. Qu'est-ce que ce gamin avait dans le crâne, dans le ventre ? Il aurait voulu le trépaner, l'opérer à cœur ouvert, lui fouiller les tripes.

30 – Je… j'y vais, bredouilla-t-il.

Rue de la Cerche.

---

3 **un orphelin** un enfant dont les parents sont morts – 4 **un sacrifice** Opfer – 5 **trahir qn** *ici :* jdn hintergehen – 7 **pervertir** verderben – 11 **un veston** Jackett – 23 **compatissant** mitfühlend – 28 **trépaner** am Schädel operieren – 29 **les tripes** *fpl* Gedärm

Maïté Coiffure. Voilà, c'était là. Un salon de coiffure d'une grande banalité, avec des plantes vertes et une mezzanine. Monsieur Feyrières fit tinter le carillon. Il vit une grosse femme trop maquillée derrière le comptoir.

5 – Bonjour, monsieur, c'est pour un rendez-vous* ?
– C'est possible tout de suite ?
Il regarda autour de lui, la moue dégoûtée. Il y avait l'homosexuel de service dans le fond de la boutique, quelques mémères sous des casques à cheveux*.

10 – Je vous prends votre manteau ? lui demanda une gamine aux yeux sournois.
– S'il vous plaît, répondit aimablement monsieur Feyrières.
Son cœur s'était accéléré.
– Vous êtes... Fifi, je parie ?

15 Elle le dévisagea comme si elle avait affaire à un crétin de village.
– Nan, dit-elle en pointant le doigt vers le jeune coiffeur, c'est lui.
Le cœur de monsieur Feyrières s'arrêta. Mais, au même

20 moment, mademoiselle Rapoport demanda s'il était possible de se faire servir un thé.
– Mais bien sûr, mademoiselle. Louis ! appela la patronne. Louis !
Le garçon était sur la mezzanine. Il descendit les premières

25 marches et se figea au milieu de l'escalier.
– Eh bien, Louis, tu t'occupes du thé ? le pressa madame Maïté.
Le garçon descendit lentement les dernières marches, les yeux dans les yeux de son père.

30 – Maman t'a dit que j'étais là ?
– Non.
Monsieur Feyrières sortit de sa poche un papier froissé en boule et le jeta à la figure de son fils.

---

7 **dégoûté** angewidert – 9 **une mémère** *fam* une grosse femme d'un certain âge –
11 **sournois** ≠ qui semble cacher qc – 13 **s'accélérer** battre plus vite

– Rentre à la maison.

Tout le monde s'était tu. Clara descendit à son tour de la mezzanine. Monsieur Feyrières la toisa depuis les talons aiguilles jusqu'aux mèches* folles de son chignon*, puis se
5 retourna vers madame Maïté :

– Vous faites travailler un mineur qui n'a aucun contrat d'apprentissage avec vous. Si mon fils remet les pieds ici, je vous colle un procès.

Dès qu'il fut sorti, chacun se déchaîna. Quelle brute ! Quel
10 mufle ! Pour qui se prenait-il ? Seule, madame Maïté se taisait.

– Louis ?

– Oui ?

– Ton père ne savait pas que tu étais là ?

– Non.

15 Parce que ni Louis ni sa mère n'avaient eu le courage d'affronter monsieur Feyrières, *Maïté Coiffure* se retrouvait dans son tort. Louis se dirigea vers le vestiaire. Garance l'arrêta au passage en posant la main sur sa poitrine :

– Tu t'en vas ?

20 – Oui.

– Mais…

Sa voix trembla :

– Pour toujours ?

Louis ne répondit pas. Il prit son blouson.

25 – Au revoir, Louis.

Philippe lui tendit la main.

– Louis ! s'écria Clara.

Elle se précipita sur lui en faisant crisser ses talons sur le carrelage et l'embrassa sur les deux joues avec emportement.
30 Qui la protégerait ? Le garçon s'approcha du comptoir.

– Je reviendrai.

---

3 **toiser** dévisager – 6 **un mineur** qn qui n'a pas encore 18 ans – 8 **coller un procès à qn**
fam jdm einen Prozess an den Hals hängen – 9 **se déchaîner** exploser – 10 **un muffle**
Rüpel – 16 **se retrouver dans son tort** ne pas avoir raison – 28 **crisser** faire du bruit –
29 **l'emportement** *m* ≠ la douceur

– Ne fais pas de bêtises, Louis. Ta vie, c'est ça le plus important.

– C'est clair.

Dès qu'il fut dans la rue, Louis se mit à courir pour rattraper
5 son père.

Monsieur Feyrières marchait vite. Il n'arrivait pas à mettre de l'ordre dans ses pensées. Donc, le cinéma, c'était ça. Et sa femme le savait. Elle était complice. Depuis combien de temps lui mentait-on ? Et Fifi, c'était qui ? Louis ne pouvait tout de
10 même pas… Monsieur Feyrières était incapable d'aller au bout de ses suppositions.

– Papa !

Il se retourna d'un bond.

– Ah, te voilà.
15 La nuit tombait rue Jeanne-d'Arc.

– Alors, c'est comme ça que tu occupes tes loisirs ?

Les gens rentraient chez eux et jetaient un regard sur ce père et son fils qui gênaient le passage.

– Tu vas faire le larbin dans cet endroit minable ! Au lieu de
20 travailler pour toi, pour ton avenir.

Si Louis avait eu les mots, il aurait pu dire à son père qu'il était bien en train de travailler pour son avenir. Puisqu'il voulait être coiffeur. Il porta les mains à son cœur. Il aurait voulu s'arracher quelque chose.

25 – Tu ne vois pas que ces gens-là t'exploitent ? Qu'ils te font travailler pour rien ? C'est… c'est indigne !

Parle, Louis. Dis à ton père que ces gens-là t'ont accueilli, qu'ils t'ont donné des responsabilités, qu'ils ont cru en toi, même après que tu leur as menti.

---

11 **une supposition** une hypothèse – 16 **les loisirs** *mpl* le temps libre – 19 **un larbin** *fam* *péj* Diener – 19 **minable** *fam* erbärmlich – 22 **puisque** da ja – 24 **s'arracher** s'enlever avec force – 25 **exploiter** ausbeuten

– Mais tu ne vois pas qui sont ces gens ? Ouvre les yeux, Louis ! Cette grosse mère maquerelle…

Madame Maïté.

– Ce petit pédé…

5   Philippe Loisel.

– Cette gamine mal embouchée…

Garance.

– Cette espèce de pute…

Clara.

10   – Mais qu'est-ce qu'il y a ? Tu veux dire quelque chose ? Mais parle !

Louis tendait presque les mains. Il implorait. Mais sans mots, sans phrases.

– Tu ne vas pas me dire que tu as envie de finir comme ce…

15   ce Fifi, hein ?

Ils étaient l'un en face de l'autre. Louis soutenait le regard de son père. Allez, parle. C'est maintenant ou jamais.

– T'es trop con.

– Quoi ? Qu'est-ce que tu as dit ? Tu oserais répéter ? Tu sais

20   à qui tu parles ?

– Un con.

Le coup partit, pas une claque, mais un coup pour tuer. L'enfant s'effondra et, tout de suite, les passants s'attroupèrent. Monsieur Feyrières se jeta à genoux.

25   – Louis ! Louis !

Il avait perdu connaissance. Le sang coulait de sa bouche et de son nez.

– C'est lui, il l'a frappé, dit quelqu'un en désignant monsieur Feyrières.

30   Il était toujours à genoux.

---

2 **une mère maquerelle** *fam* Puffmutter – 4 **un pédé** *péj* un pédéraste, un homosexuel – 6 **mal embouché** grossier – 8 **une pute** *vulg* une prostituée – 12 **implorer** anflehen – 18 **con** *vulg* très bête – 23 **un passant** Fußgänger – 23 **s'attrouper** se regrouper en grand nombre – 26 **perdre connaissance** bewusstlos werden

– Louis, mon petit ! Mais qu'est-ce que j'ai fait ? Je ne voulais pas…

Il prit le pouls, puis reposa le bras.

– Le SAMU. Mon portable. Où je l'ai mis ?

5   Il fouilla ses poches.

– C'est bon, dit une voix, j'ai appelé les secours.

Monsieur Feyrières releva la tête et vit l'attroupement qui se faisait autour de lui.

– C'est mon fils ! C'est mon fils ! leur cria-t-il.

---

3 **prendre le pouls** den Puls messen – 4 **le SAMU** Rettungsdienst – 6 **les secours** *mpl* le SAMU – 7 **un attroupement** → s'attrouper

18

La vie sans Louis

L'ambulance transporta Louis à l'hôpital où travaillait son père. Un premier diagnostic fut dressé aux urgences. Traumatisme
5 crânien dû à la chute, fracture du nez et deux dents cassées, suite au coup de poing. « Un coup d'une rare violence », apprécia le médecin urgentiste. Louis reprit conscience lors des premiers soins.

Madame Feyrières fut prévenue par Janson. Mais elle ne
10 comprit pas grand-chose aux explications embarrassées de l'anesthésiste. Elle crut d'abord à une altercation avec des voyous, dans laquelle son mari serait intervenu. Elle se précipita à l'hôpital, confiant Floriane au passage à Bonne-Maman. Elle retrouva son mari dans une salle de repos réservée
15 aux médecins de garde. Il était prostré dans un fauteuil. Quand il vit sa femme, il se releva. Il était livide, il avait vieilli de dix années.

– C'est moi, dit-il sans détour. C'est moi qui l'ai frappé. Je suis un monstre.

20 Il semblait s'être pris en horreur. Sa femme se recula.

– Toi ? Mais comment…

Il lui raconta comment il avait surpris Louis au salon de coiffure. Ce qu'il lui avait dit sur le trottoir.

– Il m'a traité de con. J'ai vu rouge. Ce n'est pas une excuse,
25 Véronique, je le sais. C'est un enfant. Je n'avais pas le droit de réagir comme ça.

---

4 **dressé** fait – 4 **les urgences** *fpl* Notaufnahme – 4 **un traumatisme crânien** Schädeltrauma – 5 **dû à** à cause de – 5 **une chute** le fait de tomber – 6 **suite à** à cause de – 7 **apprécier** juger – 7 **lors de** pendant – 10 **embarrassé** confus – 11 **une altercation** une bagarre – 12 **intervenir** se mêler – 15 **un médecin de garde** un médecin qui est là même la nuit – 15 **prostré** niedergeschlagen – 16 **livide** très pâle – 18 **sans détour** ohne Umschweife – 24 **traiter qn de…** *ici :* jdn als … beschimpfen – 24 **voir rouge** se mettre en colère

La malheureuse maman pleurait en silence. Ce petit Louis qu'elle voulait tant protéger. Des autres, de lui, de son mari.

– Mais tu ne comprends donc rien ! s'écria-t-elle enfin. Louis avait fait l'école buissonnière. Il ne voulait plus aller au collège. On avait trouvé cette solution pour le raccrocher. Une espèce de pré-apprentissage. C'était une idée du principal. La patronne du salon était d'accord. C'est une femme formidable…

Elle éclata en sanglots :

– … qui a perdu un fils de l'âge de Louis !

– Mais… mais comment je pouvais comprendre ? se débattit monsieur Feyrières. Je ne savais rien. Vous ne m'avez rien dit !

– On ne t'a rien dit parce qu'on a peur de toi.

Madame Feyrières se dirigea vers la porte, mais jeta cette terrible condamnation avant de sortir :

– J'ai toujours su que tu étais capable de… de ça.

Monsieur Feyrières enfouit le visage dans ses mains. Un monstre. Il faisait peur à sa femme, à ses enfants. Toute la société allait le rejeter. Déjà, on l'avait écarté aux urgences.

Il rentra chez lui au petit matin, complètement hagard. Son appartement était désert. Sa femme était peut-être restée à l'hôpital. Ou elle dormait chez sa mère. Monsieur Feyrières se traîna dans la chambre de ses enfants comme une âme en peine. Il lui semblait qu'on devait le déchoir de ses droits paternels. Que tout Orléans savait déjà que monsieur Feyrières avait à moitié tué son fils. Il pleura, la tête sur le bureau de Louis. Puis il s'endormit sur le lit de Floriane, au milieu de ses Barbie.

Quand il s'éveilla, il faisait grand jour. Il se passa la tête sous l'eau dans la salle de bains, puis revint s'effondrer sur le canapé

---

4 **faire l'école buissonnière** sécher les cours – 5 **raccrocher qn** *ici :* motiver qn de nouveau pour le travail à l'école – 10 **se débattre** se défendre – 14 **une condamnation** Verurteilung – 16 **enfouir** *ici :* cacher – 18 **rejeter** ≠ accepter – 18 **écarter** éloigner – 19 **au petit matin** tôt le matin – 19 **hagard** verstört – 22 **une âme en peine** eine verlorene Seele – 23 **déchoir qn de ses droits** faire perdre à qn ses droits

du salon. Lui si énergique, qui savait toujours ce qu'il convenait de faire pour lui-même et pour les autres, il était incapable de prendre une décision. Devait-il retourner à l'hôpital, attendre sa femme, chercher à la joindre ?

5 Il eut un sursaut en entendant la clef dans la serrure de l'entrée. Il identifia deux voix qui parlaient bas. Sa femme. Sa petite fille. Chuchotaient-elles parce qu'elles redoutaient sa présence dans l'appartement ? Il n'osait ni bouger ni appeler. Il avait peur d'elles. Surtout de Floriane. Plus il aimait, plus il 10 avait peur. Et soudain, la petite fille parut dans l'encadrement de la porte.

– Pardon, je te demande pardon, lui dit son père.

Elle s'approcha de lui. Avec sa chemise froissée et ses yeux rouges, cet homme ressemblait si peu à son papa.

15 – Je te fais pas peur, hein ?

Elle s'assit sur ses genoux.

– J'ai réfléchi, dit-elle. Je vais pas faire coiffure.

– Tu fais ce que tu veux faire, ma chérie, répondit monsieur Feyrières, la voix soumise.

20 – Je vais plutôt faire chirurgien. C'est possible pour une fille ?

– Bien sûr.

– Je vais faire chirurgien comme toi. Parce que je veux réparer les gens cassés.

25 – Réparer les gens cassés, répéta monsieur Feyrières.

Et il serra sa fille contre lui, comme Louis faisait parfois.

Monsieur Feyrières fut admis dans la chambre de son fils le lundi après-midi. L'enfant avait le nez plâtré. Il pouvait à peine ouvrir les yeux. Ses lèvres avaient doublé de volume. 30 Il souffrait. Mais, dans sa tête fracturée, l'implacable petite machine continuait de tourner.

---

4 **joindre** contacter – 5 **un sursaut** une grande peur – 5 **une serrure** Schloss – 10 **un encadrement** Rahmen – 19 **soumis** ≠ rebelle – 27 **être admis** être accepté – 28 **plâtré** in Gips

Monsieur Feyrières s'assit tout au bord du lit et jeta un regard navré sur son enfant.

– Je voudrais prendre ta place.

– Tu peux pas, articula laborieusement le garçon.

5 Monsieur Feyrières eut un sourire amer. Il n'arrivait plus à être le père de ses enfants.

– Papa, chuchota Louis.

– Oui ?

Monsieur Feyrières se pencha un peu plus vers son fils.

10 – Tu peux...

Chaque mot faisait souffrir Louis.

– Je peux ? l'encouragea son père.

– ... me... chercher...

Louis ferma les yeux de douleur.

15 – ... une... bonne école...

Il se tut si longuement que son père compléta timidement :

– De coiffure ?

Chez *Maïté Coiffure*, la vie avait repris sans Louis. Un semblant de vie. Philippe était toujours Fifi, gentil, blagueur, se tournant 20 lui-même en dérision. Mais il n'avait plus aucun horizon.

– On pourrait peut-être prendre de ses nouvelles ? suggéra-t-il à sa patronne.

– Il ne faut pas lui attirer plus d'ennuis.

Madame Maïté avait décidé de tirer un trait sur Louis. Mais 25 l'enfant avait été la dernière lumière de sa vie. Il ne lui restait plus que le bruit du tiroir-caisse et les soucis de fin de mois. Les clients la trouvaient moins aimable, ces temps-ci. D'ailleurs, mademoiselle Rapoport ne venait plus qu'une fois par semaine pour le coup de peigne*.

---

2 **navré** schmerzlich berührt – 4 **laborieusement** avec beaucoup de difficulté – 5 **amer** bitter – 16 **compléter** ergänzen – 18 **reprendre** recommencer – 19 **se tourner en dérision** se moquer de soi-même – 24 **tirer un trait sur qc** considérer qc comme terminé

– C'est plus ce que c'était, confia-t-elle au colonel.

Garance arrivait toujours en retard et manquait souvent le vendredi. Madame Maïté pouvait bien la menacer, elle s'en moquait. Elle ne ferait pas de vieux os dans la coiffure et, de la 5 manière dont elle menait sa vie, elle ne ferait pas de vieux os du tout.

– J'ai essayé de le voir, dit-elle un jour à Clara. Mais il est plus chez lui.

Clara haussa les épaules.

10 – Je sais où il habite, insista Garance. Je connais ses horaires de bahut. Il n'y va plus.

– Ils l'ont peut-être mis en pension, dit Clara d'un ton de réflexion.

Elle-même, depuis qu'elle habitait chez madame Maïté, 15 avait l'impression d'avoir été placée en pension. Il lui fallait se plier aux horaires et aux exigences tatillonnes de sa patronne. Elle crevait de solitude le soir dans sa chambre à coucher. Elle pensait au petit Louis quand il serait un homme. Et quel homme ! De ceux qui taisent et vous protègent. Clara en y 20 pensant se prenait elle-même dans ses bras pour se bercer. Elle avait peur, toujours peur. Elle pensait avoir revu Fabe rue de la Cerche. Il était entré dans l'autre maison attenant au salon de coiffure. Elle n'en était pas tout à fait sûre. Elle préférait penser s'être trompée. Elle n'en avait rien dit à madame Maïté. 25 La patronne était déjà suffisamment désagréable avec elle, ces derniers temps.

Ainsi allait la vie sans Louis. *Maïté Coiffure* avait pris le visage des mauvais jours. Le visage qui fait fuir la clientèle.

---

3 **menacer** → une menace – 4 **faire de vieux os** ne pas rester longtemps à un endroit – 12 **mettre qn en pension** envoyer qn à l'internat – 15 **se plier** accepter – 16 **une exigence** ce qu'on demande à qn de faire – 16 **tatillon** exigeant – 17 **crever de solitude** se sentir très seul – 20 **se bercer** wiegen – 22 **attenant** près de – 23 **tout à fait** très – 24 **se tromper** ne pas avoir raison – 25 **suffisamment** assez

19

La présence

Clara ne s'était pas trompée. Fabe était bien entré dans la maison à gauche de *Maïté Coiffure*. À force d'observer les allées
5 et venues, il avait noté le code d'accès. B426. Un soir, le soir où Clara l'aperçut, il entra dans la maison, monta au dernier étage et vit que l'escalier se poursuivait jusqu'au grenier. Il en ausculta la porte. Elle ne résisterait pas à un pied-de-biche. Ce grenier, qui contenait les vieilleries des locataires, n'avait rien
10 d'un coffre-fort. Mais Fabe, qui n'était pas un débutant, savait qu'une fois dans le grenier il pourrait accéder au toit, puis, moyennant quelques acrobaties, passer sur le toit de *Maïté Coiffure*.

Fabe avait un compte à régler avec Clara. Il s'estimait
15 atteint dans son honneur. Elle l'avait repoussé. Les copains de sa bande auxquels il avait promis une « feum » en pâture se payaient encore sa tête. Mais Fabe avait aussi un compte à régler avec *Maïté Coiffure*. Il n'avait pas oublié la façon dont on l'avait collectivement bravé. De plus, il avait appris que Clara
20 avait trouvé refuge chez la patronne. L'idée de la vengeance le séduisait d'autant plus qu'il n'avait en face de lui qu'une infirme en fauteuil roulant et une fille qui crevait de peur.

Ce soir-là, madame Maïté sentit une présence autour d'elle. Cela lui arrivait quand elle était très fatiguée ou lasse de vivre.
25 Quelle énergie la tenait du mardi au samedi derrière son

---

5 **le code d'accès** le code pour ouvrir la porte d'entrée – 8 **ausculter** examiner – 8 **un pied-de-biche** Brechstange – 9 **contenir** avoir à l'intérieur – 9 **les vieilleries** *fpl* les vieilles choses – 9 **un locataire** Mieter – 10 **un coffre-fort** Safe – 11 **accéder à** arriver à – 12 **moyennant** à l'aide de – 14 **avoir un compte à régler** eine Rechnung offen haben – 15 **atteint** blessé – 15 **repousser qn** éloigner qn loin de soi – 16 **en pâture** ausgeliefert – 17 **se payer de la tête** *fam* se moquer – 19 **braver qn** sich mutig jdm entgegenstellen – 20 **un refuge** un endroit où on est en sécurité – 20 **la vengeance** Rache – 21 **séduire** plaire – 22 **un infirme** un handicapé – 22 **crever de peur** avoir très peur – 24 **être las de** ne plus vouloir continuer à

comptoir ? N'était-ce rien d'autre que la force de l'habitude ? Quand elle n'en pouvait vraiment plus, elle sortait la photo d'Étienne de son portefeuille. Elle la regardait, espérant faire remonter à la surface des souvenirs heureux. Mais elle
5 entendait toujours cette voix comme un glas :
– Je suis désolé, madame.
Elle n'entendait que cela : « désolé, madame. » Cette phrase anodine. On venait de lui annoncer la mort d'Étienne. Désolé. Les mots avaient perdu tout sens d'un seul coup. Plus rien
10 ne voulait rien dire. Puis Louis était arrivé. Elle n'avait pas remarqué tout de suite sa ressemblance avec Étienne. Ce n'était pas frappant. Juste cette expression sérieuse qu'ils avaient en commun. Des enfants trop mûrs, prêts pour la vie plus tôt que d'autres. Ce soir-là, madame Maïté pensait à Louis
15 et sentait Étienne auprès d'elle.
– Vous avez besoin de quelque chose, madame Maïté ?
– Si vous pouviez m'aider à me mettre au lit, Clara ?
Tous les soirs, les mêmes phrases. En réalité, Clara remplaçait Térésa sans être payée. Madame Maïté était consciente de son
20 avarice et, comme elle s'en voulait, par un renversement assez ordinaire des sentiments, elle était désagréable avec Clara.
– Je pensais à Louis, dit-elle en se laissant choir sur son lit.
– Ah oui ?
– Je croyais qu'il allait apprendre le métier chez nous, et puis
25 qu'un jour il reprendrait le salon !
Elle eut un rire grinçant.
– À mon âge, hein ? Je suis pourtant bien placée pour savoir que la vie vous réserve rien de bon. Eh bien, non, j'y crois encore !
30 – C'est ce qui s'appelle être optimiste.
– Oui. Ou idiote. Bonne nuit, Clara.

---

4 **la surface** Oberfläche – 5 **le glas** Totenglocke – 8 **anodin** sans importance – 12 **être frappant** sauter aux yeux – 13 **en commun** tous les deux – 13 **mûr** adulte – 20 **l'avarice** f Geiz – 20 **s'en vouloir de qc** se reprocher qc – 20 **un renversement** Umkehrung – 22 **se laisser choir** se laisser tomber – 26 **grinçant** beißend

Étienne était là. Elle le sentait. Elle s'en voulait d'être si aigrie, de n'avoir rien su dire de gentil à cette pauvre rêveuse de Clara. Demain, elle l'augmenterait. Non, plutôt, elle diminuerait son loyer. Voilà, elle diminuerait son loyer.

5 Fabe avait choisi ce soir-là pour exécuter sa vengeance. S'il devait un jour passer en jugement, la préméditation lui vaudrait sûrement dix années de plus, car il avait tout prévu, jusqu'au bidon d'essence dans le sac à dos. À une heure du matin, lorsque la dernière lumière se fut éteinte rue de la
10 Cerche, Fabe fit le code. B426. Il monta sur la pointe des pieds jusqu'au grenier, força la porte et entra, sa lampe-torche allumée. Comme il s'en doutait, il y avait un vasistas. En empilant deux caisses, il put accéder à l'ouverture et se hisser sur le toit. Il rampa jusqu'au toit voisin, où il trouva le même
15 type de vasistas. Il ne s'encombra pas de finesse, il brisa la vitre.

Clara, dans la maison voisine, aurait peut-être entendu le bruit lointain du verre éclaté si elle n'avait dormi comme les pierres, écrasée par sa journée de travail. Madame Maïté ne
20 dormait pas, mais elle était au rez-de-chaussée et ne perçut rien. Elle avait chaud, elle repoussa la couette. Elle eut froid, elle remonta le drap. Étienne était là. Elle songea : « Personne ne peut savoir ce trou que fait un enfant mort. Si les gens savaient, ils ne gâcheraient pas la vie de leur enfant pour des

---

1 **aigri** verbittert – 2 **un rêveur** → rêver – 3 **augmenter qn** donner plus d'argent à qn pour son travail – 3 **diminuer** ≠ augmenter – 5 **exécuter** réaliser – 6 **passer en jugement** vor Gericht verurteilt werden – 6 **la préméditation** le fait d'avoir préparé son coup en détail – 7 **valoir qc à qn** *ici :* jdm etw einbringen – 7 **prévoir** planifier – 8 **un bidon d'essence** Benzinkanister – 10 **sur la pointe des pieds** sans faire de bruit – 11 **forcer** *ici :* ouvrir par la force – 11 **une lampe-torche** Taschenlampe – 12 **un vasistas** *ici :* une petite fenêtre dans le toit – 12 **empiler** mettre l'un sur l'autre – 13 **se hisser** sortir – 14 **ramper** kriechen – 15 **s'encombrer de qc** faire attention à qc – 15 **la finesse** *ici :* la délicatesse – 15 **briser** casser – 16 **une vitre** Fensterscheibe – 18 **lointain** ≠ près – 18 **éclaté** *ici :* cassé – 18 **dormir comme les pierres** dormir profondément – 19 **écrasé** extrêmement fatigué – 20 **percevoir** *ici :* entendre – 21 **une couette** Bettdecke – 22 **un drap** Bettlaken – 24 **gâcher qc** etw vermiesen

riens. » Madame Maïté pensait à Louis. Demain, elle prendrait de ses nouvelles en téléphonant à la grand-mère. Demain.

Mais Fabe était sorti du grenier. Il était sur la mezzanine. Il volait de menus objets, les ciseaux* de Clara, un shampooing*
5 colorant, des bricoles pour se vanter auprès des copains. Il descendit l'escalier.

Madame Maïté dressa soudain l'oreille. Elle avait entendu un bruit étrange au milieu de la nuit. Étrange et familier. Fabe venait de forcer le tiroir-caisse, tching, cling, et n'avait pu
10 l'empêcher de tinter. Mais il se rassura en songeant que le bruit n'avait pu traverser le mur. Le mur, non. Mais la porte ? Fabe savait que, derrière la tenture, il y avait une porte donnant chez madame Maïté. Il ouvrit son sac à dos et en sortit le bidon d'essence. Avant de mettre le feu, il chercha quelque butin à
15 emporter. La caisse ne contenait des boucles d'oreille, des barrettes fantaisie et des produits de soins pour les cheveux. Puis il déversa l'essence devant la porte. Les aérosols, les parfums, les produits dont Clara se servait pour ses teintures* allaient exploser, prendre feu ou dégager des vapeurs toxiques.
20 Le décor de bois et de plastique brûlerait aussi très bien. Fabe entassa devant la portière plusieurs bombes de laque*. Enfin il alluma une cigarette, en aspira deux bouffées et la jeta dans l'essence.

– Clara ?

25 Madame Maïté appelait. Elle avait l'impression que la jeune femme s'était levée. Elle entendait marcher à pas feutrés. Et soudain, il y eut une détonation.

– Qu'est-ce que c'est ?

Ça ne venait pas de la rue. Madame Maïté posa la main sur
30 le mur mitoyen. Quelque chose se passait de l'autre côté.

– Clara ! Clara !

---

4 **menu** petit – 5 **une bricole** une petite chose pas chère – 7 **dresser l'oreille** écouter – 8 **familier** connu – 10 **se rassurer** se calmer – 12 **une tenture** Vorhang – 12 **donner chez qn** *ici :* aller chez qn – 14 **un butin** l'ensemble de ce qu'on vole – 15 **emporter** prendre avec soi – 16 **une barrette** Haarspange – 17 **déverser** vider – 19 **une vapeur** un gaz – 21 **entasser** anhäufen – 22 **aspirer une bouffée** ziehen – 26 **feutré** silencieux – 30 **mitoyen** voisin

Cette grande sotte devait dormir à poings fermés. Madame Maïté ne pouvait compter que sur elle, comme le jour de l'accident. Son mari était mort sur le coup.

– Étienne ! cria-t-elle.

5 Puis elle porta la main à son front. Elle devenait folle. Ou elle rêvait. Une étagère s'effondra de l'autre côté. Devant l'imminence du danger, madame Maïté oublia l'infirme qu'elle était devenue. Elle rejeta le drap, voulut sortir du lit et bascula. Elle fit une lourde chute sur le plancher. Elle se rendit compte 10 alors qu'elle avait agi stupidement. Quand elle était dans son lit, elle avait le téléphone à portée de main sur la table de chevet. Elle essaya de se redresser sur le coude droit et se sentit traversée par une douleur fulgurante. Elle s'était cassé quelque chose.

15 De l'autre côté, le feu ronflait, les bombes de laque* explosaient. Madame Maïté avait compris. Ses derniers efforts, ses derniers espoirs, tout allait s'envoler en fumée. *Maïté Coiffure* serait détruit. Elle n'avait plus de raison de lutter. Elle s'était battue parce qu'elle avait refusé la pitié des gens.
20 Elle s'était battue pour ne pas laisser le dernier mot au destin. Mais, là, elle lâchait prise. Sans doute avait-elle senti si fort la présence d'Étienne, ce soir-là, parce qu'il était temps pour elle de le rejoindre.

– Clara, se souvint-elle alors.

25 Elle, vieille bourrique au cœur en tiroir-caisse, elle pouvait bien crever. Mais cette jolie fille qui n'avait commis d'autre crime que d'être trop naïve, n'avait-elle pas le droit de vivre encore ? Avec des râles de douleur, madame Maïté parvint à basculer son corps sur le côté gauche, puis à s'accouder. Elle

---

1 **dormir à poings fermés** dormir comme les pierres – 3 **sur le coup** immédiatement – 7 **l'imminence du danger** un danger menaçant – 8 **basculer** tomber – 11 **à portée de main** près d'elle – 13 **fulgurant** intense – 15 **ronfler** *ici :* knacken – 17 **s'envoler en fumée** disparaître brûlé par le feu – 18 **lutter** *ici :* se défendre – 21 **lâcher prise** abandonner – 25 **une bourrique** *fam* une personne stupide – 26 **crever** *fam* mourir – 26 **commettre** faire – 28 **un râle** Röcheln – 28 **parvenir** arriver – 29 **s'accouder** s'appuyer sur les coudes

attrapa le fil du téléphone entre ses dents, tira et fit tomber l'appareil à côté d'elle. Son bras droit ne lui obéissant plus, elle appuya sur les touches du téléphone avec le bout de la langue.
18.

1 **un fil** Leitung – 2 **obéir** se laisser conduire

20

Le principe de réalité

Une mauvaise chute. C'était la version officielle. Mais personne n'était dupe à l'hôpital où travaillait le docteur Feyrières. Dans
5 l'émotion du moment, il avait crié à qui voulait l'entendre que c'était lui, que c'était sa faute, qu'il avait frappé son fils. Mais les jours passaient, l'émotion retombait et le coup de poing devenait un accident.

Dans les premiers temps de l'hospitalisation de Louis,
10 madame Feyrières avait parlé de divorce. Le divorce était devenu une chambre en ville pour réfléchir. Puis une voiture pour être autonome. Monsieur Feyrières s'était empressé d'acheter la voiture.

Il avait aussi eu une discussion avec Louis. C'est-à dire qu'il
15 avait parlé tout le temps et que Louis avait dit tantôt oui et tantôt non. Il ressortit de tout cela que Louis accepterait, une fois revenu à la maison, de prendre quelques cours de maths et de français pour se remettre à niveau avant de retourner au collège. De son côté, monsieur Feyrières allait se mettre en
20 quête d'une école de coiffure, la plus chère possible. Il avait hâte d'expier en payant.

Un midi, il déjeuna avec Janson, son collègue anesthésiste.

– Ça va, Louis ? s'informa-t-il. Il se remet de hmm… sa chute ?

25 Monsieur Feyrières se troubla à peine.

– Oui, hmm… il rentre demain à la maison.

– C'est embêtant pour sa scolarité, remarqua Janson. Ah, au fait, je voulais te prévenir… Pour l'inscription à Saint-Paterne, il faut s'y prendre très tôt. Les places sont rares, il faut même

---

9 **une hospitalisation** un séjour à l'hôpital – 10 **le divorce** la fin du mariage –
12 **s'empresser de faire qc** sich beeilen, etw zu tun – 19 **se mettre en quête de**
chercher – 21 **expier sa faute** réparer sa faute – 23 **se remettre de qc** sich von etw
erholen – 27 **embêtant** *fam* bête – 29 **s'y prendre** s'occuper de qc

du piston. Moi, ça va, je connais le directeur. Si tu veux que je dise un mot pour Louis ?

– Il n'ira pas à Saint-Paterne, répondit monsieur Feyrières sur ce ton d'autorité qu'il affectionnait. Je vais lui chercher une
5 très bonne école de coiffure.

Janson le regarda avec un sourire d'incrédulité un peu niaise.

– De coiffure ?

– De coiffure.

10 Ce soir-là, au volant de sa voiture, monsieur Feyrières revit la tête de l'anesthésiste quand il lui avait fait part de sa décision concernant Louis. Il ricana tout seul. Ce pauvre Janson, tout de même, quel abruti... Monsieur Feyrières trouvait désormais ridicules tous ceux qui avaient les mêmes préjugés
15 que lui, quinze jours auparavant. Mais, comme sa conversion était assez récente, Louis se méfiait. Il ne lui parlait pas de *Maïté Coiffure*. Son père gardait de cet endroit un souvenir cauchemardesque. Si Louis devait apprendre la coiffure, ce ne serait sûrement pas dans ce salon, avec ces gens. Monsieur
20 Feyrières rêvait d'une école avec des salles aseptisées, des outils métalliques déposés sur des plateaux, et des professeurs en blouse blanche enseignant la coupe* comme une sorte de chirurgie du cheveu.

Un matin, Janson vint parler à son collègue du cas d'une femme
25 admise aux urgences pour un bras cassé. Rien de sérieux, mais des examens de routine effectués avant l'opération avaient révélé un problème cardiaque bien plus grave, un anévrisme de l'aorte ascendante. Il y avait urgence à opérer et le docteur

---

1 **le piston** *fam* une recommandation par qn pour avoir un avantage – 4 **affectionner** adorer – 6 **l'incrédulité** *f* le scepticisme – 10 **un volant** Steuer – 16 **se méfier de qn** ne pas avoir confiance en qn – 18 **cauchemardesque** très désagréable (alptraumartig) – 20 **aseptisé** stérilisé – 21 **un plateau** Tablett – 26 **un examen** Untersuchung – 26 **effectué** fait – 27 **révéler** montrer – 27 **cardiaque** concernant le cœur – 27 **un anévrisme** Aneurysma (Arterienerweiterung) – 28 **l'aorte** *f* Hauptschlagader

Feyrières était tout désigné pour le faire, la chirurgie cardiaque étant sa spécialité.

– Quel âge a-t-elle ? demanda monsieur Feyrières.

– La cinquantaine bien tapée. Mais l'autre problème, c'est
5 qu'elle a eu autrefois un accident de voiture et qu'elle est paraplégique.

– Elle cumule, dis-moi.

Le docteur Feyrières était un habitué des cas complexes et il ne manifesta pas plus d'émotion. En fin d'après-midi, il passa
10 dans le service où cette femme avait été hospitalisée. On lui avait donné son nom : madame Lombard.

Quand il entra dans la chambre de madame Maïté, il la salua sans la reconnaître. Elle n'était pourtant pas défigurée. Les pompiers l'avaient sauvée bien avant que le feu gagne sa
15 chambre. Mais elle n'était ni maquillée ni coiffée, et son visage défait avait la blancheur de son oreiller.

– Qu'est-ce que vous faites là ? dit-elle abruptement.

Monsieur Feyrières, qui était en train de consulter son dossier, haussa les sourcils.
20 – Pardon ? Mais je suis le docteur Feyrières.

– Vous ne me reconnaissez pas ?

– Je devrais ?

– Oh non, vous préférez sûrement m'oublier. *Maïté Coiffure*, ça vous dit quelque chose ?
25 Monsieur Feyrières poussa un petit cri de surprise. La patronne du salon de coiffure !

– Je regrette… hmm, l'incident de l'autre jour. Et je suis désolé de ce qui vous arrive.

Elle eut un pauvre sourire.
30 – *Maïté Coiffure* a brûlé, ça vous désole aussi ?

---

1 **être désigné pour faire qc** *ici :* für etw prädestiniert sein – 4 **bien tapé** *fam* largement passé – 6 **paraplégique** paralysé – 7 **cumuler** *ici :* avoir plusieurs maladies ou handicaps en même temps – 13 **défiguré** qu'on ne peut reconnaître – 14 **un pompier** Feuerwehrmann – 14 **gagner** *ici :* arriver dans – 16 **défait** très fatigué – 16 **un oreiller** Kopfkissen – 18 **consulter** regarder – 27 **un incident** Zwischenfall – 30 **désoler** rendre triste

En quelques mots, elle le mit au courant. Le salon avait été ravagé par un incendie d'origine criminelle, qui aurait bien pu lui coûter la vie, à elle aussi. Monsieur Feyrières écoutait, de plus en plus gêné. Comment pouvait-il annoncer à cette
5 femme persécutée par le mauvais sort qu'elle risquait une rupture d'anévrisme ? Il répéta encore qu'il était désolé et il sortit sans avoir rien dit.

Sa conscience professionnelle lui en fit reproche dès qu'il se retrouva dans les couloirs de l'hôpital. Il aurait dû prévenir la
10 patiente de la gravité de son état et envisager avec elle une date pour l'opérer. Mais plus il y pensait, plus il reculait. Il faudrait trouver un autre chirurgien. Pourquoi pas Petit, celui qui avait opéré Louis ?

Le soir, monsieur Feyrières se retrouva à table avec sa femme
15 et sa fille. Louis prenait encore une alimentation semi-liquide et préférait garder la chambre. Sa maman lui portait un plateau et, pour un peu, elle l'aurait fait manger à la cuillère. Il la repoussait sans ménagement. Mais c'est bon. Il ne voulait plus qu'elle le protège. Tous les soirs, monsieur Feyrières venait
20 passer dix minutes avec son fils. Louis attendait impatiemment ces dix minutes, même si son père l'exaspérait.

Monsieur Feyrières s'était bien promis de ne pas parler de madame Maïté à Louis. Mais il était tourmenté. Et bavard.

– Tiens, tu ne sais pas qui j'ai vu aujourd'hui ? Madame
25 Lombard.

– C'est qui ?

– Ah, tu ne sais pas ? C'est la patronne de « ton » salon de coiffure.

---

1 **mettre qn au courant de qc** raconter qc à qn – 1 **être ravagé** être détruit – 3 **coûter la vie à qn** faire mourir qn – 5 **être persécuté par qc** von etw verfolgt werden – 5 **le sort** Schicksal – 6 **une rupture d'anévrisme** Riss einer Gefäßwand – 8 **un reproche** une critique – 10 **envisager** fixer – 15 **une alimentation** les choses à manger – 17 **une cuillère** Löffel – 18 **sans ménagement** brusquement – 20 **impatiemment** ≠ avec patience – 21 **exaspérer** énerver – 23 **tourmenté** ≠ calme – 23 **bavard** qui parle beaucoup

– Madame Maïté ? Où tu l'as vue ?

– Euh… à l'hôpital.

– Pourquoi à l'hôpital ?

– Elle… euh, elle s'est fait une fracture de l'humérus.

5   – Comment ?

– En tombant, je crois.

– Mais elle est en fauteuil roulant !

– Oui, mais elle est tombée de son lit quand elle a voulu prévenir…

10   – Prévenir qui ? De quoi ? le bouscula Louis.

– Mais à cause de l'incendie. C'est-à-dire que le feu avait pris dans son salon de coiffure…

Monsieur Feyrières détourna les yeux pour ne pas voir le regard terrifié de son fils. Maintenant, il fallait tout dire. Et
15 ce fut comme dans la chanson *Tout va très bien, madame la marquise*, une catastrophe en entraînant une autre.

– Voilà, conclut monsieur Feyrières en regardant fixement le gel coiffant* sur la table de chevet.

– Tu l'opères quand ?

20 Monsieur Feyrières tressaillit.

– Non, non, c'est Petit qui va s'en charger. Celui qui t'a opéré. Il est très bien.

– Meilleur que toi ?

– Hein ? Je ne sais pas…

25 – Papa, dit Louis, la voix doucement grondeuse, c'est qui le meilleur ?

– Euh… Moi.

Ils restèrent silencieux quelques secondes.

– C'est une responsabilité terrible, Louis. Si je rate ?

30 Il interrogea son fils du regard.

– Si tu rates, je serai triste. Si tu fais rien, je te déteste.

– C'est clair, marmonna son père.

---

4 **l'humérus** *m* Oberarmknochen – 16 **entraîner** provoquer – 21 **se charger de qc**
s'occuper de qc – 25 **grondeur** → gronder – 29 **une responsabilité** Verantwortung –
29 **rater** *fam ici* : ne pas réussir

Mais il n'était pas au bout de ses peines. Il alla lui-même informer madame Maïté et conclut par la phrase fatidique :

– Je suis désolé.

– Pas moi, répliqua-t-elle. Je n'ai plus envie de vivre. Faisons
5 faire des économies à la Sécu et restons-en là.

Monsieur Feyrières, déboussolé, tenta quelques arguments :

– Faites-le pour les gens qui vous aiment.

– Personne ne m'aime.

– Eh bien, faites-le pour montrer qu'on ne vous a pas abattue
10 en mettant le feu à votre salon.

– Je sais qui a fait ça. Ce n'est pas à moi qu'il en voulait.

– Alors faites-le pour Louis !

– Bel effort, docteur Feyrières ! Je vous remercie. Mais c'est
non.

15 Monsieur Feyrières rapporta cette conversation à son fils.
C'était un samedi en fin d'après-midi. Louis était resté toute
la journée en pyjama. Soudain, il se leva, ôta sa veste et alla
prendre un sweat dans sa penderie.

– Qu'est-ce que tu fais ?
20 – J'y vais.

Ça suffisait comme ça, les coups dans la gueule et les coups
du sort. Le principe de réalité, Louis avait compris. Mais il n'y
avait pas que ça dans la vie.

Quand Louis entra dans la chambre d'hôpital, madame Maïté
25 sortait d'un demi-sommeil.

– Étienne… Tu es blessé ?

Mais elle se reprit aussitôt :

– Louis ! Qu'est-ce qui t'est arrivé ?

L'enfant avait encore le visage tuméfié d'un boxeur au sortir
30 du ring.

---

1 **ne pas être au bout de ses peines** avoir encore beaucoup d'effort pour surmonter une difficulté – 2 **fatidique** fatale – 5 **les économies** fpl Ersparnisse – 5 **la Sécu** la Sécurité sociale (Krankenversicherung) – 6 **déboussolé** désorienté – 6 **tenter** essayer – 9 **abattre** tuer – 15 **rapporter** raconter – 21 **une gueule** fam ici : un visage – 25 **un demi-sommeil** Halbschlaf – 26 **blessé** verletzt – 29 **tuméfié** geschwollen

– C'est rien.

– Tu peux le dire, Louis, fit la voix du docteur Feyrières derrière lui. Tu peux dire que je t'ai frappé.

Louis s'assit sur le lit et se penchant vers madame Maïté, il
5 parla très bas pour que son père n'entende pas :

– J'ai tenu bon. Je vais faire une école de coiffure.

– Je suis contente pour toi.

Elle était émue bien plus qu'elle ne s'y attendait.

– Et on va reconstruire *Maïté Coiffure* avec l'argent des
10 assurances.

Le sens pratique de l'enfant, mêlé à sa naïveté, la toucha jusqu'au fond de l'âme.

– Ce sera pas moi, Louis. Je suis fatiguée.

– Si. Vous. La vie, c'est pas que…
15 Il chercha ses mots. La vie, c'est pas que des coups. C'est des rêves et des désirs, des passions, des vocations, la vie…

– C'est aussi ce qu'on veut. Et moi, je veux… Papa !

Il appelait son père à l'aide. Monsieur Feyrières s'approcha en toute hâte.
20 – Qu'est-ce qu'il y a ? Ça ne va pas ?

– Tu vas opérer madame Maïté, hein ?

Il se retourna vers elle :

– C'est un très bon chirurgien. Ça peut pas rater. Hein, papa, tu vas réussir ?
25 – Oui, oui, répondit son père, complètement débordé.

Il posa la main sur l'épaule de Louis et adressa une muette supplication à la femme qui se laissait glisser vers la nuit.

– Il faut vous battre. Faites-le pour Louis.

Puis il ajouta, à bout d'arguments :
30 – Faites-le pour moi.

Madame Maïté ferma les yeux. Quelle fatigue ! Ne pouvait-on la laisser finir en paix ? Elle ouvrit les yeux avec un soupir.

---

6 **tenir bon** durchhalten – 8 **ému** → émotion – 11 **le sens pratique** Sinn für das Praktische – 11 **mêlé** mélangé – 12 **une âme** Seele – 16 **une vocation** Berufung – 25 **débordé** überfordert – 27 **une supplication** une demande – 32 **en paix** tranquille

– J'ai quelque chose à dire à Louis en particulier. Ça ne vous ennuie pas, monsieur Feyrières ?

Il sortit aussitôt, sentant que Louis allait gagner la partie.

– Si je m'en sors, Louis, tu viendras finir ton apprentissage
5 chez moi ?

– Oui, madame Maïté. En plus, j'ai pensé à plein d'idées pour faire venir les clients !

Madame Maïté eut une petite moue :

– Dans le genre des 10 % ?

10 La date de l'opération fut fixée au vendredi suivant. Le docteur Feyrières se fit assister par son collègue Janson. Une heure après l'opération, il passa voir sa patiente en salle de réanimation, puis rentra chez lui, où son fils l'attendait.

– Alors ?
15 – Je pense qu'elle va s'en tirer.

Il avait eu très peur. Mais madame Maïté avait tenu le choc.

– T'es le meilleur.

Satané Louis. Monsieur Feyrières eut le sentiment de n'avoir jamais reçu de plus beau compliment. C'est le pouvoir de ceux
20 qui parlent peu.

Ce soir-là, pour la première fois de sa vie, monsieur Feyrières but du whisky jusqu'à être un peu gris. Il desserra sa cravate à table et se mit à rire de tout. Puis il alla au lit de très bonne heure avec Véronique et céda sur toute la ligne au principe de
25 plaisir.

---

4 **s'en sortir** *ici* : ne pas mourir – 12 **une salle de réanimation** Aufwachraum – 15 **s'en tirer** vivre – 18 **satané** verdammter – 19 **le pouvoir** *ici* : l'autorité *f* – 22 **gris** *ici* : betrunken – 23 **de très bonne heure** très tôt – 24 **céder** ≠ lutter

21

Le mot de la fin

Madame Maïté se rétablit. Comme elle avait de l'argent de côté, elle put, sans attendre le renfort des assurances, mettre
5 le nouveau salon en chantier. Les dégâts étaient considérables, mais la charpente avait tenu bon. La réouverture eut lieu huit mois plus tard.

Clara préféra quitter Orléans et se chercher un nouvel emploi à Paris. Elle savait qu'elle était indirectement responsable de
10 l'incendie. Quant à Fabe, plus personne n'entendit parler de lui et les enquêteurs ne retrouvèrent pas sa trace. Sans doute avait-il pris conscience après coup de la gravité de ce qu'il avait fait et il disparut de la région.

Garance n'attendit même pas la fin de l'année scolaire
15 pour abandonner la coiffure. Madame Maïté apprit qu'elle s'était mise en ménage avec l'amateur de vodka au fond de la banlieue orléanaise.

Philippe trouva facilement à s'employer chez Dessange, rue de la République, mais, tout en recoiffant le moral des clientes,
20 il perdit le sien.

Quant à Louis, il rata magnifiquement son brevet. Oubliant ses promesses, son père parla de le faire redoubler et alla voir le principal du collège.

– Tous les enfants ne sont pas sur le même modèle, lui dit
25 celui-ci. Les intelligences sont diverses, sociale, manuelle, artistique. Votre femme a raison de penser que l'école ne sait pas comment accueillir ces enfants qui sont intelligents autrement…

---

3 **se rétablir** se remettre – 4 **le renfort** l'aide – 4 **mettre en chantier** faire reconstruire –
5 **un dégât** Schaden – 5 **considérable** très grand – 6 **une charpente** Dachstuhl – 6 **tenir
bon** résister – 11 **un enquêteur** une personne de la police qui fait des recherches –
16 **se mettre en ménage avec qn** vivre ensemble avec qn – 18 **s'employer** → un
emploi – 18 **Dessange** un salon de coiffure de luxe – 19 **recoiffer le moral** *Wortspiel* mit
einer neuen Frisur die positive Einstellung, die Laune heben

Monsieur Feyrières était encore hésitant.

– Vous ne croyez pas que Louis regrettera dans quelques années ? C'est encore un gamin.

– Vous le dites, mais vous ne le pensez pas. Louis est
5 beaucoup plus mûr que les jeunes de son âge. Il a hâte d'entrer dans la vie active.

L'opinion du principal réconforta monsieur Feyrières. Il inscrivit Louis dans une école Pigier.

Les professeurs s'aperçurent tout de suite que Louis n'avait
10 pas grand-chose à apprendre et lui firent passer le CAP en deux années. Il avait quelques lacunes dans les matières générales, mais il aurait pu enseigner la coupe* à ses professeurs. Le mercredi et le samedi, dès que le salon de madame Maïté fut reconstruit, Louis en reprit le chemin.

15 Puis un jour, il alla voir Fifi chez Dessange et lui suggéra de retourner chez *Maïté Coiffure*. Le jeune coiffeur commença par refuser. Il était mieux payé où il était et *Maïté Coiffure* était mort pour lui. Mais Louis lui parla d'avenir. Il avait des projets un peu fous et Fifi était un peu fou. Il revint chez *Maïté*
20 *Coiffure*. La patronne était fatiguée, elle confia la gérance du salon à Philippe, mais continua à tenir la comptabilité.

Louis ne tenta même pas le brevet professionnel. Il fut repéré pour sa jeunesse et son talent lors d'un concours de coiffure organisé par les produits L'Oréal et put finir sa formation chez
25 Jean-Claude Biguine. Monsieur Feyrières fut désolé de le voir abandonner si jeune toute idée d'études. Louis travailla dans plusieurs salons, coiffa des actrices sur des lieux de tournage, des mannequins pour des défilés de haute couture. Mais, dans sa tête, l'implacable petite machine continuait de tourner.

---

7 **réconforter** consoler – 8 **les écoles Pigier** *sehr renommierte private gewerbliche Schulen besonders in den Bereichen Schönheit, Kosmetik, Friseurhandwerk mit anspruchsvollen Ausbildungsgängen* – 11 **une lacune** un manque de connaissances – 20 **la gérance** *Geschäftsführung* – 22 **repérer qn** découvrir qn – 25 **Jean-Claude Biguine** *mondialement connu pour la coiffure, l'esthétique, la manucure, des produits de beauté* – 29 **implacable** qui ne peut être calmé

Dix ans après leur première explication sur un trottoir, Louis et son père en eurent une seconde. À la fin de la conversation, monsieur Feyrières signa un chèque. Un gros chèque. Louis alla ensuite voir Philippe Loisel. Le coiffeur était seul responsable
5 de *Maïté Coiffure*, la patronne étant désormais dans une maison de retraite médicalisée. Philippe avait quelques économies, suite à un petit héritage. Il s'associa avec Louis et tous deux rachetèrent le salon à madame Maïté qui ne leur fit pas vraiment un prix d'amie. Ils modernisèrent la décoration,
10 mais Louis garda le carillon.

Le jeune homme avait son idée. Un nouveau concept de salon. Il n'avait pas oublié l'enfant qui avait posé la main sur la porte de *Maïté Coiffure*, un lundi de fermeture. *Maïté Coiffure* devint donc le premier salon qui ne ferme jamais, ni de jour
15 ni de nuit, un cœur qui bat dans la ville, inlassablement, sept jours sur sept. On en parla dans *La République du Centre*. Un journaliste de la presse économique ne prédit pas plus d'un an de vie à cette loufoquerie. Et pourtant, au bout d'une année, tout le monde avait trouvé sa place chez *Maïté Coiffure*
20 et comptait bien la garder. Il y avait un espace-enfants avec des jouets et des albums, un coin ados sur la mezzanine avec des jeux vidéo et des DVD, un petit salon avec des fauteuils pour prendre le thé ou le café. À la sortie des spectacles, les noctambules venaient se rincer la tête et les idées. Au petit
25 matin, les insomniaques se faisaient raser. Mademoiselle Rapoport passait tous les jours pour le coup de peigne*, et à la nuit tombée, rien que pour l'ambiance. À force de se faire reconduire chez elle par le colonel, elle finit par l'épouser.

---

6 **une maison de retraite médicalisée** *une maison pour les personnes âgées où il y a aussi des médecins* – 7 **un héritage** Erbe – 7 **s'associer** *devenir partenaire* – 15 **inlassablement** *sans arrêt* – 17 **prédire qc** *dire qc avant qu'une chose se passe* – 18 **une loufoquerie** *une chose bizarre* – 21 **un album** Comic – 24 **un noctambule** *une personne qui aime sortir tard la nuit* – 25 **un insomniaque** *une personne qui ne peut pas dormir*

Louis allait régulièrement voir Bonne-Maman. Parfois, il sortait de sa poche une paire de ciseaux* et lui rafraîchissait sa coupe*. Un jour, il lui déclara avec sa brusquerie de timide :

– Il me faudrait de l'argent.

5 – Pour ?

– Agrandir le salon.

Elle lui consentit une avance sur son héritage. Cet argent lui permit de racheter la maison de madame Maïté. Il voulait la transformer en salon d'esthétique, avec des soins en cabine et

10 des UV. La petite machine continuait de tourner dans sa tête.

Un matin d'avril, Louis prit sa voiture et se rendit à la Source, dans la banlieue orléanaise. Il se gara au bas d'une HLM assez miteuse, entra dans le hall et consulta la liste des locataires. Garance Cyprien 8ᵉ étage. Les renseignements de madame

15 Maïté étaient toujours valables. Louis sonna et la porte s'ouvrit sur une jeune femme assez jolie, mais l'air terriblement renfrogné.

– C'est quoi ?

Louis n'eut pas le temps de se présenter.

20 – C'est pas la peine de me vendre une encyclopédie en vingt-quatre volumes, je sais pas lire.

C'était bien la même Garance.

– Louis Feyrières, dit-il.

– Hein ?

25 – Vous ne vous souvenez pas du petit Louis ? fit le jeune homme, assez déçu.

– Putain !

Elle le laissa entrer et le regarda de la tête aux pieds.

– T'étais mignon, mais, là, t'es carrément beau mec.

7 **consentir** accorder – 7 **une avance** de l'argent qu'on reçoit avant le temps – 10 **un UV** *ici :* Solarium – 11 **se rendre** aller – 12 **se garer** mettre sa voiture – 13 **miteux** ≠ chic – 14 **un renseignement** une information – 15 **valable** exact – 27 **putain** *vulg* verdammt – 29 **carrément** absolument

Louis rougit et détourna le regard comme s'il avait encore quatorze ans. À ce moment-là, des pleurs de bébé éclatèrent dans la pièce voisine. Garance leva les yeux au ciel.

– J'ai un chiard.

5 – Ah ? Et votre mari…

– Arrête de me dire « vous », protesta Garance. Je suis pas mariée.

Elle s'approcha de Louis et lui passa les bras autour du cou. L'enfant hurlait.

10 – Je crois qu'il faudrait aller chercher le petit.

– Fait chier, soupira Garance.

Elle disparut un instant et revint avec un bébé de quelques mois, qu'elle secouait sans délicatesse.

– C'est un garçon ? Comment s'appelle-t-il ?

15 Il y eut un silence.

– Louis.

Et tandis que le petit pleurait, Garance raconta ce qu'avait été sa vie, ces dernières années. Elle avait fait une école d'esthéticienne et avait exercé son métier jusqu'au septième

20 mois de sa grossesse. Puis l'amateur de vodka l'avait plantée parce que le bébé l'empêchait d'entendre les résultats des matches. Depuis, Garance vivotait d'allocations.

– J'ai une proposition à te faire.

– Honnête, malheureusement, se moqua Garance.

25 Louis avait besoin d'une esthéticienne pour son salon. Garance accepta ce poste de « conseillère-beauté » et engagea une nourrice pour garder bébé Louis. Garance alla beaucoup mieux et bébé Louis aussi.

À la même époque, *Maïté Coiffure* perdit son nom et

30 fut rebaptisé *Louis and Fifi*. Et la petite machine tournait toujours…

---

2 **éclater** se faire entendre – 4 **un chiard** *vulg* un enfant – 11 **faire chier** *vulg* énerver –
19 **exercer** faire – 20 **une grossesse** Schwangerschaft – 20 **planter qn** *fam* quitter qn
brusquement – 22 **vivoter** vivre de peu – 22 **une allocation** une aide de l'État – 27 **une
nourrice** une femme qui est payée pour garder des enfants – 30 **rebaptiser qc** donner
un autre nom à qc

Un jour de juin, Louis partit à pied à travers le treizième arrondissement. Il faisait très chaud sur la capitale et Louis peinait à trouver son souffle. Peut-être aussi était-il ému ? Quand il fut devant *Coiff'hair*, il resta un moment à regarder
5 à travers la vitrine. Il la repéra qui était en train de faire un shampooing*. Avait-elle beaucoup changé ? Toujours juchée sur ses talons aiguilles, toujours blonde... Il entra.

– Bonjour, monsieur, dit Clara, vous voulez un rendez-vous ?

– Non.

10 – Je ne vais pas pouvoir vous prendre tout de suite. Si vous voulez attendre ?

– Non.

Dans ses yeux, il lut la peur. Que lui voulait cet homme ?

– Vous ne me reconnaissez pas ?

15 Elle se força à le dévisager.

– Louis !

C'était un cri de saisissement. Le petit Louis était devenu l'homme dont elle avait rêvé.

– Oh, Louis...

20 Elle oublia où elle était, qui elle était. Louis n'eut que le temps d'ouvrir les bras pour qu'elle s'y réfugie. Mais, très vite, elle se recula et s'essuya les yeux.

– Excusez-moi, c'est... c'est venu comme ça.

Elle se rendit compte à quel point il était insolite que Louis
25 fût là, dans ce salon.

– Je vous ai fait rechercher, avoua-t-il. Par un détective...

Elle était de plus en plus stupéfaite.

– Vous êtes heureuse ?

Sa blondeur s'était fanée. Ses rêves avaient pris la poussière.

30 – J'ai besoin de vous, lui dit Louis.

---

15 **dévisager qn** regarder avec attention le visage de qn – 17 **un cri de saisissement** être bouleversé – 24 **insolite** bizarre – 26 **avouer qc** admettre qc – 29 **se faner** *ici :* den Glanz verlieren – 29 **prendre la poussière** Staub ansetzen

Il ouvrait un salon dans le Marais, *Louis and Fifi* de Paris. Il lui en confia la direction. N'était-ce pas ce qu'il lui avait promis, un jour, sur la mezzanine ?

La petite machine allait-elle s'arrêter de tourner dans la
5 tête de Louis ? Mais quel marin reste au port, quel explorateur meurt dans son lit ? Un capitaine d'industrie n'a d'autre choix que d'aller toujours de l'avant. *Louis and Fifi* essaima à travers toute la France jusqu'à faire un réseau de quatre cent cinquante salons. Puis Louis créa une gamme de produits pour
10 les cheveux, la gamme Louis Feyrières, avec toute une ligne masculine dont le slogan fut, à la demande de Fifi : « Pour les hommes, les vrais. »

Monsieur Feyrières est très fier de sa fille. Floriane est en train de terminer ses études de médecine par une spécialisation
15 en chirurgie esthétique. Mais, quand on lui parle de son fils, monsieur Feyrières en crève de vanité.

– J'ai toujours cru en ce gamin, dit-il. Déjà, à quatorze ans, il avait une personnalité impressionnante.

Louis ne contredit pas son père. Mais il sait ce qu'il doit à
20 chacun. Monsieur le principal du collège Charles-Péguy, désormais à la retraite, peut venir quand il veut chez *Louis and Fifi*. Il n'a pas besoin de carte de fidélité pour que ce soit gratuit.

Louis n'a pas épousé Garance. Il n'a pas épousé Clara. Il est
25 tombé amoureux d'un carré déstructuré avec un balayage* miel sur une base plus foncée. Agnès. Une jeune femme brillante et cultivée, professeur d'université. Comme dit Louis en souriant :

– Elle parle pour deux.

---

2 **confier la direction** donner la direction – 5 **un marin** Seemann – 5 **un explorateur** Forscher – 7 **essaimer** *ici :* se développer – 8 **un réseau** Netz – 9 **une gamme** *fig* une série – 16 **crever de qc** vor etw platzen – 16 **la vanité** Eitelkeit – 19 **contredire qn** dire qu'on est d'un autre avis que qn – 19 **devoir qc à qn** jdm für seine Hilfe zu Dank verpflichtet sein

Le passé simple

In *Maïté Coiffure* verwendet die Autorin eine Zeit der Vergangenheit: das *passé simple*, das fast nur in der geschriebenen Sprache vorkommt und die gleiche Funktion wie das *passé composé* hat.

1 Regelmäßige Verben auf -er, -ir und -re

Die Endungen werden an den Stamm des Infinitivs angehängt.

	REGARD-**ER**	SORT-**IR**	RÉPOND-**RE**
il/elle/on	regard-**a**	sort-**it**	répond-**it**
ils/elles	regard-**èrent**	sort-**irent**	répond-**irent**

2 Unregelmäßige Verben

Einige der unregelmäßigen Verben bilden das *passé simple* in der 3. Person Singular/Plural auf *–it*, *-irent*, andere auf *-ut*, *-urent*, wobei die Ableitung nicht immer vom Stamm des Infinitifs erfolgt. Daneben gibt es weitere Unregelmäßigkeiten, sodass hier die wichtigsten im Text vorkommenden Verben zusammengestellt sind.

Sollten diese Verben auch mit eine Vorsilbe vorkommen (z.B. *mettre – promettre, paraître – apparaître, venir – se souvenir*), so bleibt die Bildung des *passé simple* gleich.

INFINITIV	3. PERS. SINGULAR il/elle…	3. PERS. PLURAL ils/elles…
avoir	eut	eurent
être	fut	furent
apercevoir	aperçut	aperçurent
croire	crut	crurent
devoir	dut	durent
dire	dit	dirent

faire	fit	firent
mettre	mit	mirent
(ap)paraître	(ap)parut	(ap)parurent
pouvoir	put	purent
prendre	prit	prirent
s'asseoir	s'assit	s'assirent
savoir	sut	surent
sourire	sourit	sourirent
tenir	tint	tinrent
venir	vint	vinrent
vivre	vécut	vécurent
voir	vit	virent
vouloir	voulut	voulurent

Le gérondif

In dem Roman kommt eine weitere Verbform vor, die es im Deutschen nicht gibt: das Gerundium (*le gérondif*).

1 Bildung des gérondif

Man nimmt die erste Person Plural Präsens, ersetzt die Endung *-ons* durch *-ant* und setzt die Präposition *en* davor.

Beispiele:

REGARDER	FINIR	ATTENDRE
nous regard-ons	nous finiss-ons	nous attend-ons
en regard-**ant**	**en** finiss-**ant**	**en** attend-**ant**

Es gibt nur drei Ausnahmen:
ÊTRE (en étant), AVOIR (en ayant) et SAVOIR (en sachant)

Das *gérondif* ist unveränderlich.

2 Gebrauch des gérondif

1 *Elle parlait à une cliente **en lui posant** une main...* (p. 17, l. 11)
(= Elle parlait à une cliente *et en même temps* elle lui posait une main...)
Sie sprach mit einer Kundin und legte ihr dabei die Hand...
Das Gérondif drückt aus, dass zwei Ereignisse gleichzeitig ablaufen. Im Deutschen wird das oft mit dem Partizip wiedergegeben. Bei zwei mit „und" verbundenen Sätzen verstärkt das Wort „dabei" die Gleichzeitigkeit. Als Übersetzung kommt auch „während" in Frage.

2 *Mais il ne fallait pas, madame Meynier! protesta la patronne **en l'apercevant**.* (p. 46, l. 12)
(= protesta la patronne *au moment où* elle l'aperçut.)

… Aber das war doch nicht nötig, Madame Meynier, protestierte die Chefin, als sie sie sah.

En passant devant la vitrine, Louis ralentit le pas. (p. 15, l. 14)

(= *Quand* Louis passait devant la vitrine, il ralentit le pas.)

Als Louis am Schaufenster vorbeiging, verlangsamte er den Schritt.

Auch hier wird die Gleichzeitigkeit betont durch „als" oder „in dem Augenblick, als".

3   … *expliqua Fifi **en riant**.* (p. 37, l. 2)

(= …expliqua Fifi *et* ria.) … erklärte Fifi lachend.

*Elle prendrait de ses nouvelles **en téléphonant** à la grand-mère.* (p. 144, l. 2)

(= Elle prendrait de ses nouvelles. *Pour cela*, elle téléphonerait à la grand-mère.)

Sie würde sich nach ihm erkundigen, indem sie die Großmutter anrief

Hier gibt das *gérondif* Antwort auf die Frage, wie / auf welche Weise etwas geschieht. Im Deutschen kann das manchmal mit dem Partizip übersetzt werden, aber auch durch die Konjunktion „indem". Achtung: Wenn ihr einen deutschen Satz mit „indem" ins Französische übersetzen wollt, ist das nur mit dem *gérondif* möglich! Es gibt keine entsprechende Konjunktion.

4   … *il n'avait pas encore la carrure de son père. Mais **en laissant** du flou ?* (p. 22, l. 15)

(= … s'*il laissait…*)

Hier gibt das *gérondif* eine Bedingung an.

Mit dem *gérondif* kann man Sätze verkürzen.

Wichtig: Es kann aber nur dann verwendet werden, wenn in Haupt- und Nebensatz **dasselbe Subjekt** steht bzw. gemeint ist.

© *Claudie Rocard,*
avec l'aimable
autorisation
des Éditions
l'école des loisirs

Biographie

Marie-Aude Murail écrit depuis toujours. Elle publie depuis plus de vingt ans. Elle a plus de soixante-dix titres à son actif. Des contes, des feuilletons, des nouvelles, des essais, des récits. Et des romans d'amour, d'aventures, policiers, fantastiques… Ses livres ont reçu des dizaines de prix.

Ainsi, Marie-Aude Murail explore différentes veines, qu'elles soient politiques, réalistes ou fantastiques, avec pour devise : ne jamais se répéter, ne jamais être là où on l'attend.

Son but est de séduire ses lecteurs grâce à de l'émotion et de l'amour.

Marie-Aude Murail est née au Havre (Seine-Maritime) en 1954. Elle vit aujourd'hui à Orléans avec son mari et ses trois enfants. Après de longues études de Lettres à la Sorbonne, elle se consacre désormais à ses livres… et à sa famille !

Elle est allée partout, dans les ZUP et les ZEP, les campagnes et les villes, les déserts et les îles, en France et ailleurs…

En 2004, elle a reçu l'insigne de chevalier de la Légion d'Honneur pour services rendus à la littérature.

Elle s'est, dernièrement, farouchement mobilisée pour la défense des enfants de réfugiés sans papiers, avec succès dans le cas de sa protégée Astrid-Mira.

Le roman *Maïté Coiffure* a déjà remporté plusieurs Prix en France.

Site internet : www.marieaudemurail.com

Bibliographie (extrait)

Dans la collection MÉDIUM à *l'école des loisirs :*
Amour, vampire et loup-garou, 1998
Ma vie a changé, 1997
Tom Lorient, 1999

Dans la série des *Émiliens* à *l'école des loisirs :*
Baby-sitter blues, 1990
Le trésor de mon père, 1990
Le clocher d'Abgall, 1990
Au bonheur des larmes, 1991
Un séducteur-né, 1991
Sans sucre, merci, 2002
Nos amours ne vont pas si mal, 1998

Dans la série des *Nils Hazard* à *l'école des loisirs :*
Dinky rouge-sang, 2002
L'assassin est au collège, 1993
La dame qui tue, 1993
Tête à rap, 1994
Scénario catastrophe, 1998
Qui veut la peau de Maori Cannell ? 1997
Rendez-vous avec Monsieur X, 1998

Titres parus aux *Éditions Klett*
Baby-sitter blues
Simple (gagnant du Prix des lycéens allemands 2006)
Oh, boy !

Liste des abréviations

≠	antonyme de
→	mot de la même famille
°	après l'article, pas de liaison
[']	pas de liaison
arg	argot
cond	conditionnel
etw	etwas
f	féminin
fam	familier
fig	figuré
fpl	féminin pluriel
inv	invariable
iron	ironique
jdm	jemandem
jdn	jemanden
litt	littéraire
m	masculin
mpl	masculin pluriel
péj	péjoratif
pop	populaire
qc	quelque chose
qn	quelqu'un
subj	subjonctif
verlan	argot, langage qui inverse les syllabes
vulg	vulgaire